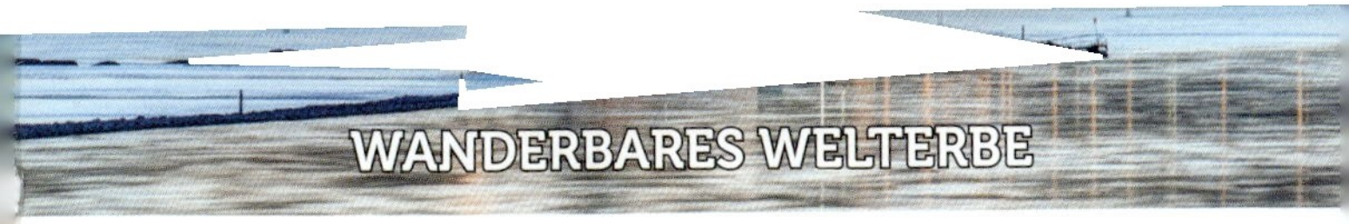

# WANDERBARES WELTERBE

Auf 63 Kilometern hat sich der Rhein im Laufe der Jahrtausende zwischen der engsten Stelle in Bingen und der Moselmündung am Deutschen Eck in Koblenz in das Schiefergebirge gegraben. An den schroffen Hängen zeugen historische Wehrbauten, trutzige Burgen und märchenhafte Schlösser von der einzigartigen Kulturgeschichte. Als erste deutsche Kulturlandschaft wurde das Obere Mittelrheintal 2002 in die Welterbe-Liste der UNESCO aufgenommen.

Nur zu Fuß lässt sich die Landschaft wirklich in allen Nuancen wahrnehmen. Der neue 117 km lange Welterbesteig Oberes Mittelrheintal (im Buch kurz „Welterbesteig" genannt), ermöglicht es, das Welterbe hautnah Schritt für Schritt zu erkunden. Neun Tagesetappen führen durch herrliche und abwechslungsreiche Natur, zu grandiosen Aussichten und beeindruckenden Kulturschätzen. Ergänzt wird das Wandervergnügen am Rhein durch ein Kapitel zum neuen Premium-Stadtwanderweg in Boppard und 15 kurz skizzierte Premium(spazier)wanderwege.

ideemedia

# INHALT



*Die hier angegebenen Zeiten und Entfernungen beziehen sich ausschließlich auf den Welterbesteig ohne Zu- und Abwege. Weitere Informationen dazu im jeweiligen Kapitel.*

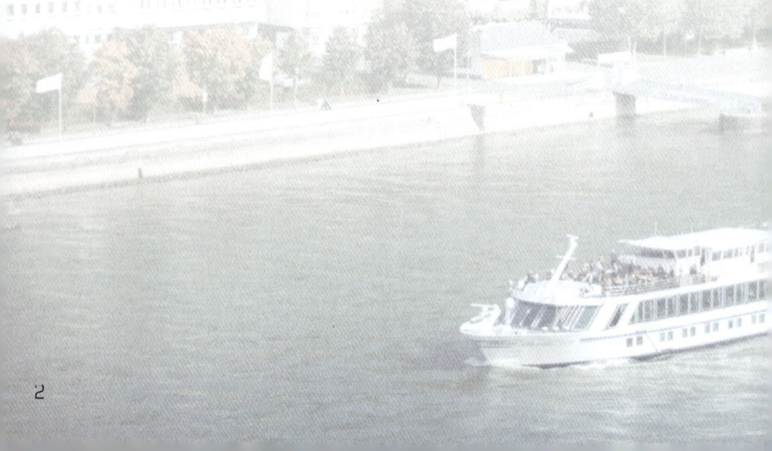

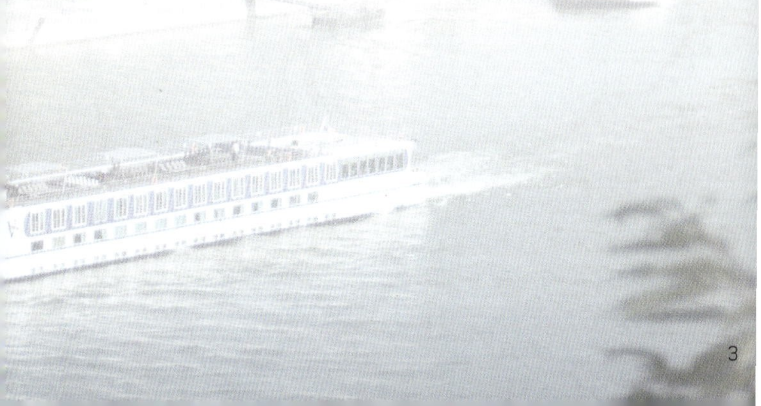

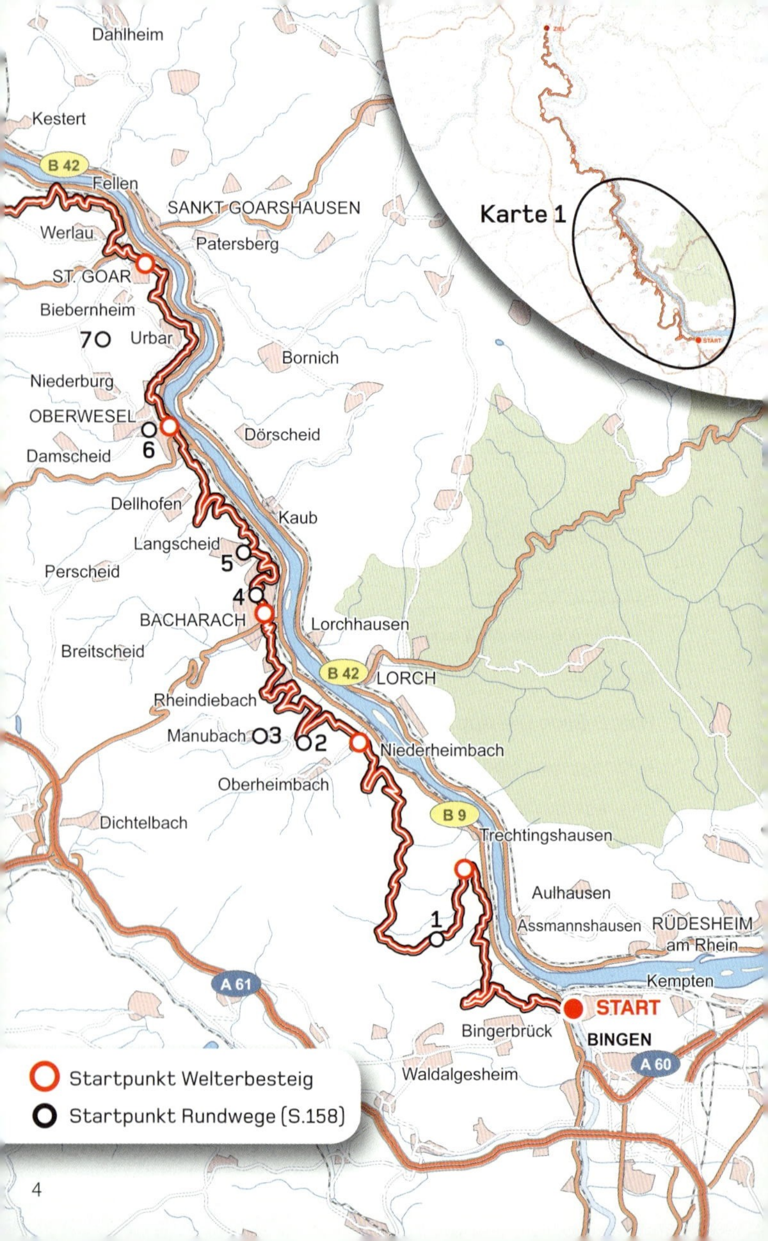
Dahlheim
Kestert
B 42
Fellen
SANKT GOARSHAUSEN
Werlau
Patersberg
ST. GOAR
Biebernheim
7
Urbar
Bornich
Niederburg
OBERWESEL
6
Dörscheid
Damscheid
Dellhofen
Kaub
Langscheid
5
Perscheid
4
BACHARACH
Lorchhausen
Breitscheid
B 42
LORCH
Rheindiebach
Manubach
3
2
Niederheimbach
Oberheimbach
Dichtelbach
B 9
Trechtingshausen
Aulhausen
1
Assmannshausen
RÜDESHEIM
am Rhein
A 61
Kempten
START
Bingerbrück
BINGEN
A 60
Waldalgesheim
ZIEL
Karte 1
START
Startpunkt Welterbesteig
Startpunkt Rundwege (S.158)

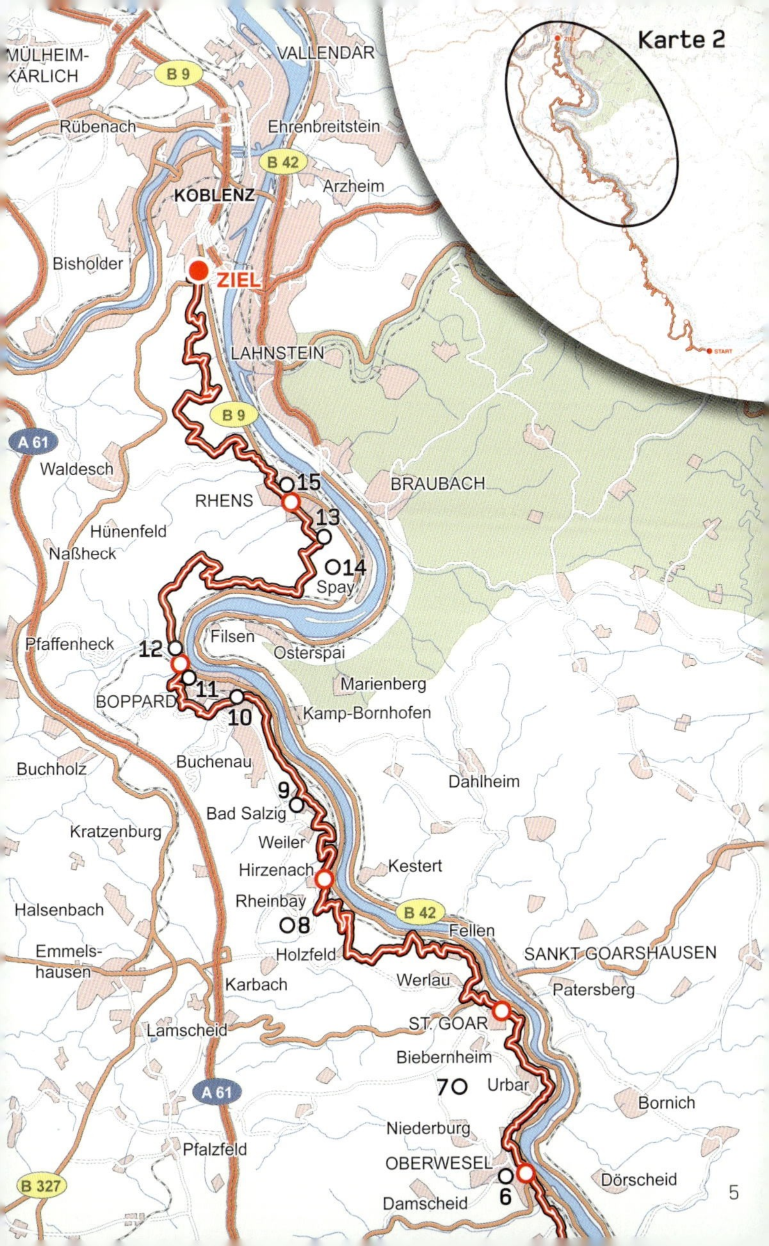

Karte 2
MÜLHEIM-
KÄRLICH
VALLENDAR
B 9
Rübenach
Ehrenbreitstein
B 42
KOBLENZ
Arzheim
Bisholder
ZIEL
LAHNSTEIN
B 9
A 61
Waldesch
15
BRAUBACH
RHENS
13
Hünenfeld
Naßheck
14
Spay
Filsen
Pfaffenheck
12
Osterspai
Marienberg
11
BOPPARD
10
Kamp-Bornhofen
Buchenau
Buchholz
Dahlheim
9
Bad Salzig
Kratzenburg
Weiler
Kestert
Hirzenach
Halsenbach
Rheinbay
B 42
8
Fellen
Emmels-
hausen
Holzfeld
SANKT GOARSHAUSEN
Karbach
Werlau
Patersberg
ST. GOAR
Lamscheid
Biebernheim
7
Urbar
A 61
Bornich
Niederburg
Pfalzfeld
OBERWESEL
B 327
Dörscheid
6
Damscheid

# ZEICHEN IM BUCH

- Wanderweg
- Zuwege
- Sehr leicht
- Leicht
- Mittel
- Schwer
- Sehr schwer

*Erläuterung zur Schwierigkeit unter:*
*www.schoeneres-wandern.de/html/bucher.html*

- Download GPX
- Gehzeit inkl. Zu-/Abweg
- Steigung/Gefälle
- Höchster Punkt
- Kalorienverbrauch
- Anfahrt
- Parkplatz

- Telefonnummer
- Internet-Adresse
- Öffnungszeiten/Termine*
- Hundetipp
- Start/Ziel
- (1) Streckenpunkt
- Tourist-Info
- Einkehren
- Übernachten
- Tipp/Hinweis
- Bus
- Bahn
- Fähre/Schiff
- Taxi
- Wohnmobil-Stellplatz
- Burg/Schloss

Download der .gpx-Daten unter www.wander-touren.com

scan to go®

** Öffnungszeiten sind saisonabhängig. Bitte telefonisch erfragen.*

- Wegformat:

Fester Belag | Harter Belag | Natur-Belag

- **Höhenangaben:** Bezogen auf NN
- **Entfernungsangaben:** Beschriebene Hauptstrecke inkl. empfohlener Abstecher (ca.) ohne Zu- und Abwege
- **GPS-Daten:** Kürzeste Strecke
- **Zeitangaben:** Mittleres Wandertempo, im Kapitel inkl. Zu- und Abwege (reine Gehzeit, ohne Pausen)
- **Koordinatenangaben der POIs:** Wir geben UTM-Koordinaten der Zone 32 U WGS 84 an. Dieses System nutzen u.a. alle offiziellen Karten der Landesvermessungsämter. Für die Pkw-Navigationsgeräte geben wir für die Park-/Startplätze die geografischen Koordinaten in Breite/Länge (hddd°mm'ss.s) an. Diese können von den meisten gängigen AutoNavis verwendet werden. In den Outdoor GPS-Geräten sowie auf PCs und mobilen Geräten können die Koordinatensysteme entsprechend eingestellt werden.
- **Kalorienberechnung:** Für jede Etappe wird der Kalorienverbrauch angegeben. Dieser wird unter Berücksichtigung von Entfernung, Aufstieg, Zeit, Geschlecht, Alter, Gewicht und Körpergröße für zwei Beispielpersonen berechnet (Mann: 50 Jahre, 175 cm, 70 kg; Frau: 50 Jahre, 165 cm, 60 kg). Ihre persönliche Berechnung können Sie unter www.schoeneres-wandern.de durchführen. Die Kalorienberechnung ist für Mittelgebirgstouren optimiert.

- **Allgemeine Infos:**

ⓘ www.schoeneres-wandern.de

ⓘ www.romantischer-rhein.de

ⓘ www.welterbe-mittelrheintal.de

▸ mit App: Tour laden ▸ S. 171

▸ ohne App: Startpunkt ▸ S. 174

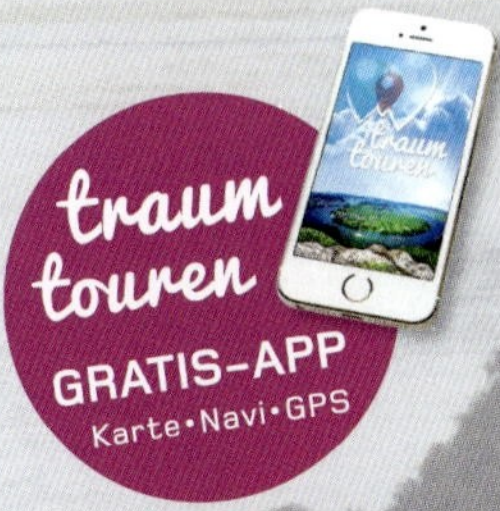

# GUT ZU WISSEN

**Strecke:**
Bingen (Rheinkilometer 529) bis
Koblenz (Rheinkilometer 592)

**Infos:**
Zweckverband Welterbe Oberes Mittelrheintal,
Ⓘ www.welterbe-mittelrheintal.de

**Der Welterbesteig:**
- 117 km Fernwanderweg mit 9 Tagesetappen zwischen 9 und 17 km
- Rund jeweils 4100 Höhenmeter An- und Abstieg
- 15 unmittelbar anschließende Premiumrundwege:
  13 Premiumrundwege (5 bis 15 km) und 2 Premiumspazierwanderwege
- 11 Burgen direkt am Weg

Der Welterbesteig ist beim Deutschen Wanderinstitut zur Zertifizierung als Premiumwanderweg angemeldet.

**ÖPNV:** sehr gute Anbindung an den regionalen Zugverkehr (Mittelrheinbahn verkehrt im Stundentakt) und regionale Buslinien.

**Personenschifffahrt:** In der Sommersaison verkehren die Schiffe der Köln-Düsseldorfer regelmäßig im Oberen Mittelrheintal. Es gibt mehrfach täglich Rundfahrten zwischen Rüdesheim und St. Goarshausen und zwischen Boppard und St. Goarshausen. Anlegepunkte: Rüdesheim, Bingen, Assmannshausen, Lorch, Bacharach, Kaub, Oberwesel, St. Goar, St. Goarshausen, Bad Salzig, Kamp-Bornhofen, Boppard. Ⓘ www.k-d.com

**Fähren im Welterbetal:** Bingen-Rüdesheim, Niederheimbach-Lorch, B9-Kaub (Schnellfähre), St. Goar-St. Goarshausen, Personenfähre Koblenz-Ehrenbreitstein

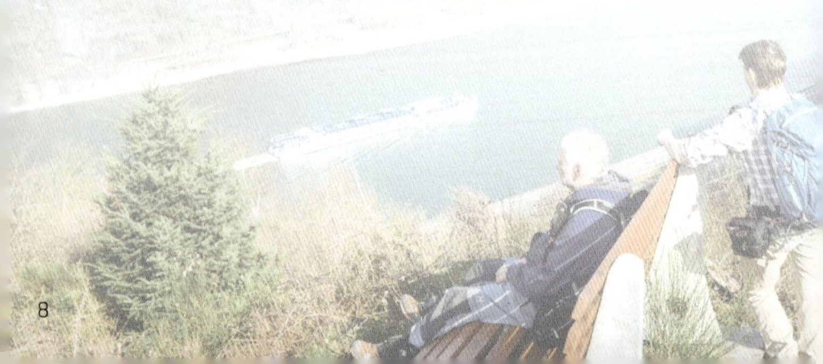

# 01 Bingen - Trechtingshausen

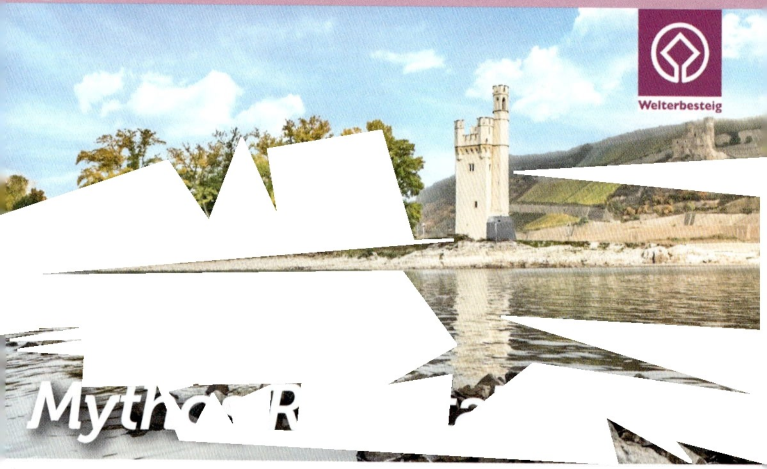


| 10,5 (+1,3) | 3h 30min | 361 302 | 303 | 757 889 | |
|---|---|---|---|---|---|
| km | | | | | WESX11X |

**Start:** Bingen, Nahemündung
**Ziel:** Trechtingshausen

**Anfahrt:** Nach Bingen und auch nach Trechtingshausen gelangt man am besten über die B 9.

**Parken:** Bingen, Gerbhausstraße
N49° 58′ 05,8″ • E7° 53′ 27,7″
Forsthaus Heiligkreuz
N49° 58′ 15,2″ • E7° 51′ 11,6″
Morgenbachtal
N50° 00′ 19,0″
E7° 51′ 17,4″

scan to go®

**Wegpunkte:**
- **P1** Bingen, Nahemündung Portal
  32 U 420454 5535777
- **P2** Prinzenkopf
  32 U 419173 5535877
- **P3** Hängeseilbrücke
  32 U 417420 5535856
- **P4** Forsthaus Heiligkreuz
  32 U 417788 5536054
- **P5** Schweizerhaus
  32 U 418054 5538041
- **P6** Burg Rheinstein
  32 U 418148 5538577
- **P7** Abzweig Trechtingshausen
  32 U 417510 5539589

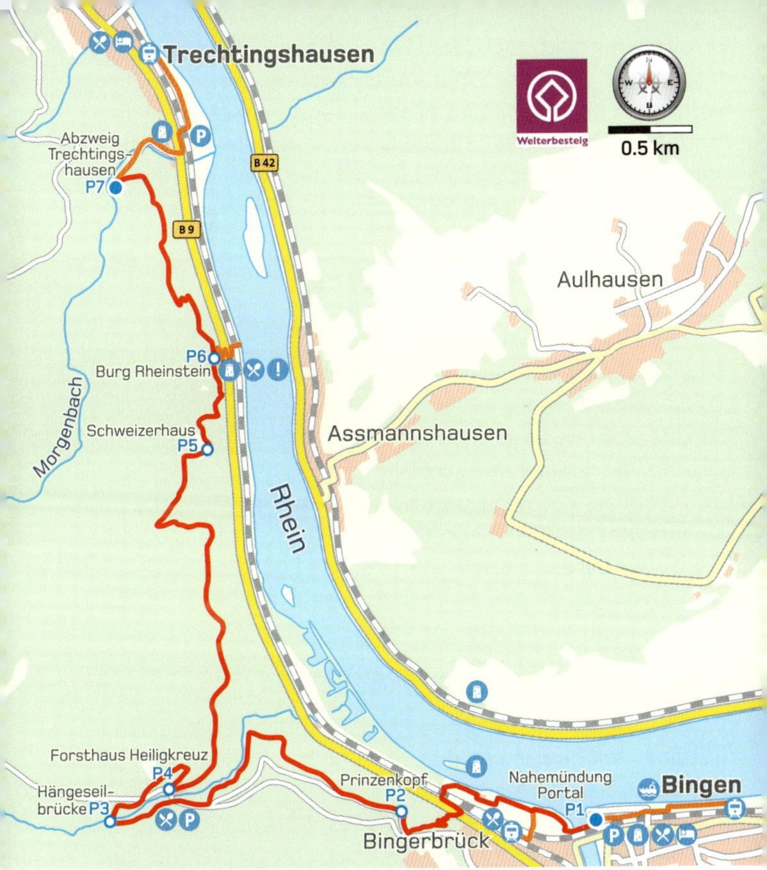
Trechtingshausen
Welterbesteig
0.5 km
Abzweig Trechtings-hausen
P7
B 42
B 9
Aulhausen
P6
Burg Rheinstein
Morgenbach
Schweizerhaus
P5
Assmannshausen
Rhein
Forsthaus Heiligkreuz
P4
Hängeseil-brücke P3
Prinzenkopf
P2
Nahemündung Portal
P1
Bingen
Bingerbrück

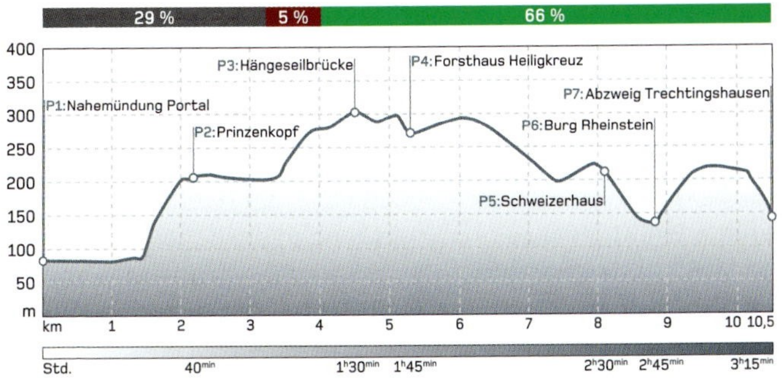
29 %
5 %
66 %
400
350
300
250
200
150
100
50
m
P1:Nahemündung Portal
P2:Prinzenkopf
P3:Hängeseilbrücke
P4:Forsthaus Heiligkreuz
P5:Schweizerhaus
P6:Burg Rheinstein
P7:Abzweig Trechtingshausen
km
1
2
3
4
5
6
7
8
9
10 10,5
Std.
40min
1h30min
1h45min
2h30min
2h45min
3h15min

**Es ist ein Auftakt nach Maß: Wo die Nahe in den Rhein mündet, beginnt das Abenteuer Welterbesteig. Die erste Etappe begeistert mit lauschigen Waldpassagen, abenteuerlichen Pfaden und grandiosen Rheinblicken. Zudem bieten sich rustikale Einkehrmöglichkeiten im Wald, und mit Burg Rheinfels liegt auch ein kulturelles Schwergewicht am Wegesrand.**

In Bingen am Rhein, wo die Nahe Vater Rhein erreicht, beginnen wir unsere Wanderung auf dem Welterbesteig Oberes Mittelrheintal bis Koblenz. Vor uns liegen 117 km Strecke, die neben herrlicher Natur und zahlreichen Burgen spannende Wandertage voller Abenteuer bereithalten.

Immer wieder wird dabei unsere Kondition auf die Probe gestellt werden, doch die malerischen Plätze auf urbequemen Bänken und die atemberaubenden Aussichten sind weit mehr als eine Entschädigung.

Geleitet vom markanten lila Logo, starten wir am Portal **(1)** rheinabwärts und queren als Erstes über eine Holzbrücke die Nahe. Unmittelbar danach dürfen wir rechts durch ein Tor in den Park am Mäuseturm eintreten.

Der Park am Mäuseturm ist ein Relikt der Landesgartenschau 2008 und erfreut sich bis heute enormer Beliebtheit. Wir nutzen den fein gekiesten Weg unmittelbar am Rheinufer und lassen den Blick über die gepflegte Gartenlandschaft schweifen.

Nach **0.5 km** biegen wir erst links, dann rechts ab und lassen dabei den Zuweg zum nahen Hauptbahnhof Bingen unbeachtet. Nun steuern wir auf die alte Wagenhalle zu, die heute als Veranstaltungsort genutzt wird. Wir umrunden die Halle mit einem Links-rechts-links-Schwenk und finden uns danach wieder

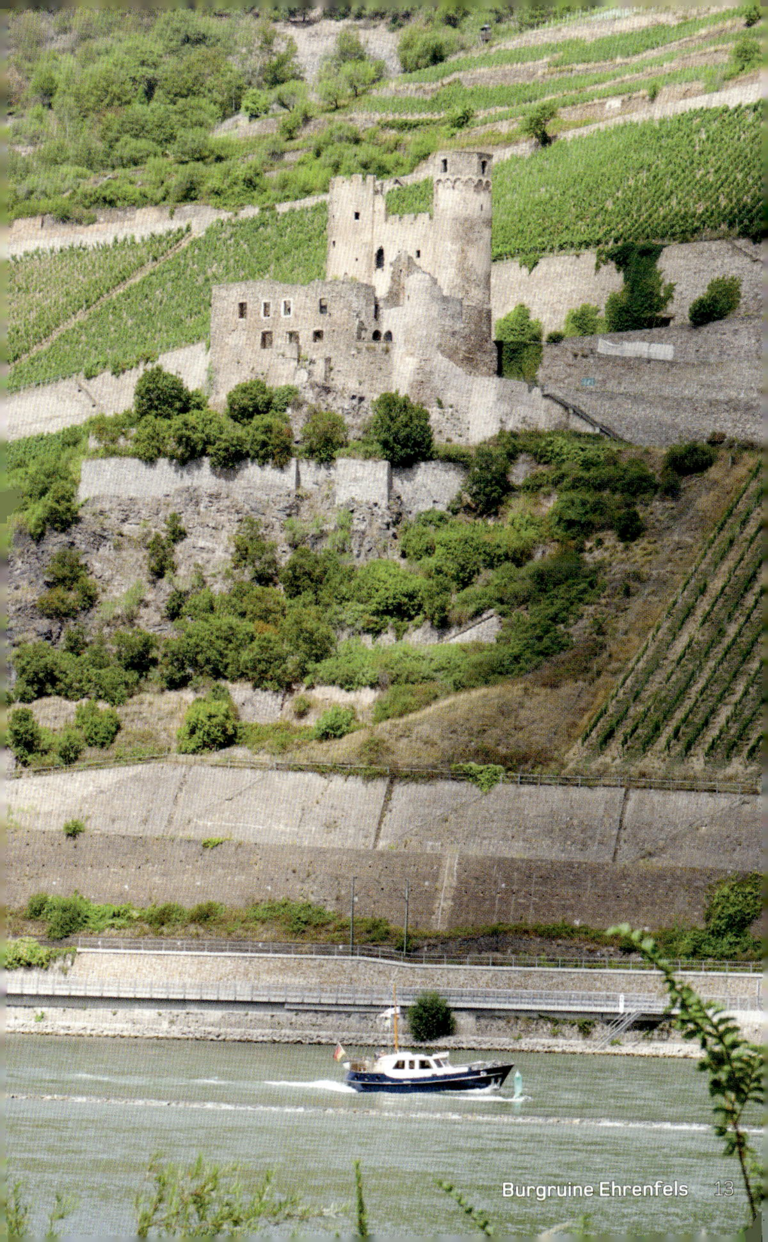

Burgruine Ehrenfels

auf dem von dichten Hecken gesäumten Uferweg. An einer Bank ergibt sich die Gelegenheit, den zum Greifen nahen Mäuseturm und die Burg Ehrenfels in Augenschein zu nehmen. Wir erreichen den Westrand des Areals und biegen links zum nahen Drehtor ab.

Durch dieses verlassen wir nach **1.2 km** den Park und nutzen nun die Treppe hinauf zum alten Reiter, der uns sicher über die Gleise zum Gehweg an der B 9 bringt.

Wir wenden uns nach links und laufen auf dem Gehweg etwa 120 m Richtung Bingen. In der Nähe eines kleinen Parkplatzes queren wir aufmerksam die B 9 und folgen dem Wegweiser bergan in den Wald. Nun wird es also erst mal anstrengend. Neu begleitet uns das rot-weiße Logo des Rheinburgenwegs.

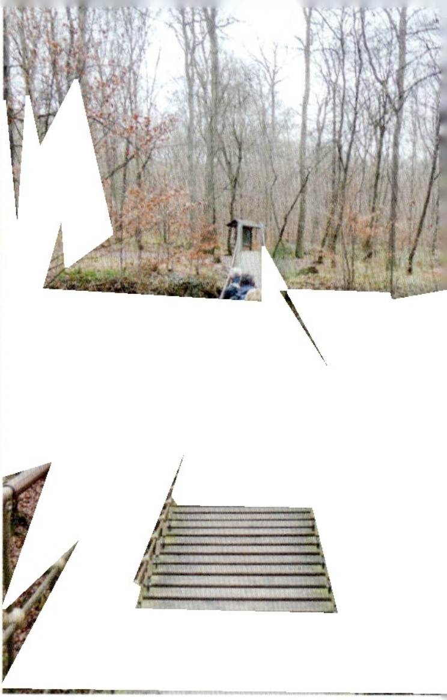

Steil führt der Pfad durch den Hang bergan, und am Zuweg zur Jugendherberge Bingen reihen sich auch noch der Soonwaldsteig und der Hildegard von Bingen Pilgerwanderweg mit ein. Auch sie werden uns heute immer mal wieder flankieren.

Etwas außer Atem stoßen wir nach **2 km** auf die Zufahrtsstraße zum Forsthaus Heiligkreuz und sind froh, etwas durchschnaufen zu können. Denn nun führen uns die Logos rechts zunächst

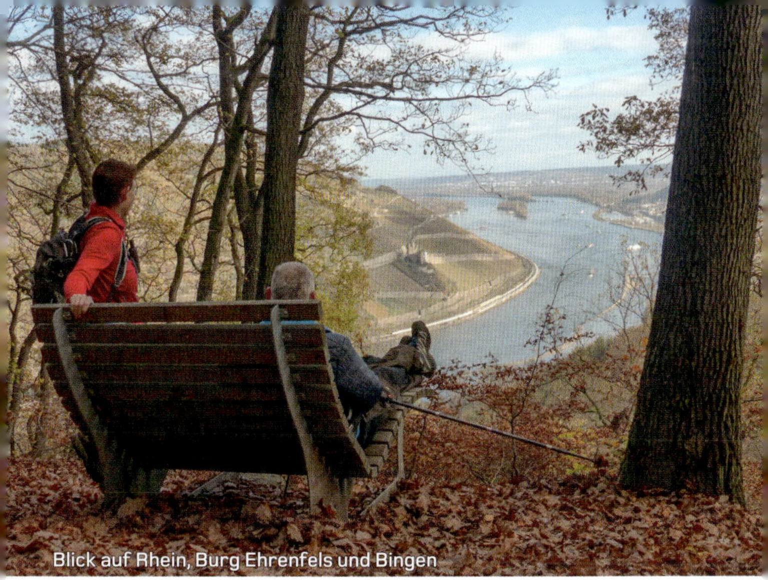
Blick auf Rhein, Burg Ehrenfels und Bingen

entlang der Straße nur noch sanft bergan. Nach der Kurve dürfen wir links auf einen Pfad wechseln, der uns kurz, aber stramm hinauf zur Hütte am Prinzenkopf (2) bringt.

Hier bekommen wir nun Gelegenheit zur ausgiebigen und aussichtsreichen Rast. Von den Bänken der Rastplätze genießen wir einen phänomenalen Ausblick auf den Rhein, die Nahemündung und Bingen und fühlen uns plötzlich dem Zauber der Rheinromantik ganz nahe.

Es hat schon was, dieses Welterbe Oberes Mittelrheintal, das uns gerade so majestätisch zu Füßen liegt und dessen Reiz und Mystik wir mit dem Welterbesteig erkunden wollen.

Nach kurzer Rast setzen wir die Wanderung fort und tauchen pfadig in den herrlichen Mischwald ein. Doch aufgepasst: Nach **2.5 km** dürfen wir die Trennung von den begleitenden Wegen nicht verpassen, denn hier biegt der Welterbesteig rechts ab, quert die Straße und führt uns auf einem Waldweg weiter durch die Hangflanke über dem Rheintal, wobei wir unwesentlich an Höhe verlieren.

Nach gemächlicher Waldpassage knickt der Weg schließlich scharf links um, rechts fällt der Hang deutlich steiler als zuvor ab. Kein Zweifel: Wir befinden uns nun oberhalb der Kreuzbachklamm, die von der B 9 steil heraufführt und sogar einige Kletterstellen beinhaltet.

Wir können uns das ganz bequem von oben betrachten, denn schon bald sehen wir unten am Bach eine kleine Felsstufe, die mit Leiter und Krampen überwunden wird. Nach **3.5 km** stößt an einem Wegweiser der Wanderweg durch die Kreuzbachklamm auf den Welterbesteig.

Gemeinsam meistern wir den Aufstieg zur kleinen Waldstraße, wo wir auch wieder auf die anderen Wanderwege treffen. Nach der Straßenquerung vertrauen wir uns halb rechts einem breiten Forstweg an, der uns stetig, aber gemächlich weiter bergan bringt.

Bald verlässt uns an einem Wegweiser der Soonwaldsteig, der rechts direkt zum Parkplatz und zum Forsthaus Heiligkreuz abbiegt. Wir

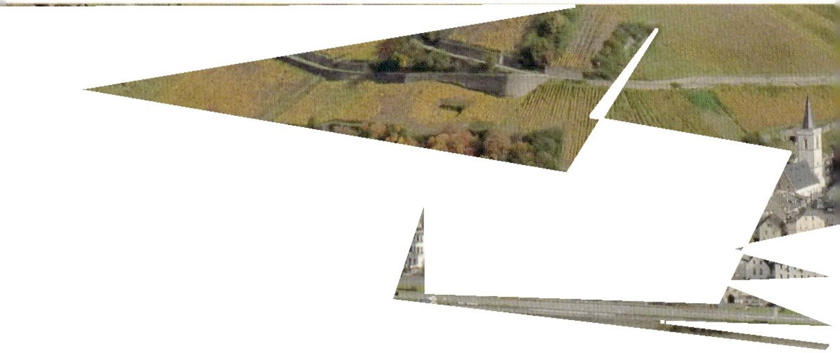

aber wollen eine besondere Attraktion nicht verpassen und wandern daher geradeaus, wobei wir weiter an Höhe gewinnen.

Nun bereichern kurzweilige Erlebnis- und Mitmachstationen des Binger Wald Erlebnispfades unsere Wanderung, und dann sind wir da, an der bei jungen Wanderern sehr beliebten Hängeseilbrücke über den oberen Kreuzbach. Am Wegweiser verabschieden wir uns nach **4.5 km** vom Rheinburgenweg und laufen rechts zur Brücke **(3)**.

Beim Drüberlaufen wackelt und schwingt das Bauwerk, und ein Hauch von Abenteuer liegt über der Szenerie und sorgt für einen Adrenalinkick.

Sicher auf der anderen Seite angelangt, laufen wir auf bequemem Waldweg zur nahen Waldstraße und folgen nach deren Querung einem Waldweg sanft bergan.

Nach kurzem Anstieg passieren wir links den forstbotanischen Garten, in dem so manch exotischer Waldbaum zum Licht strebt und wir unser Wissen rund um die Baumarten auffrischen können. Anschließend setzen wir den Höhengewinn noch etwas fort, bis unser Weg an einem Markierungspfosten scharf rechts auf einen Pfad abbiegt.

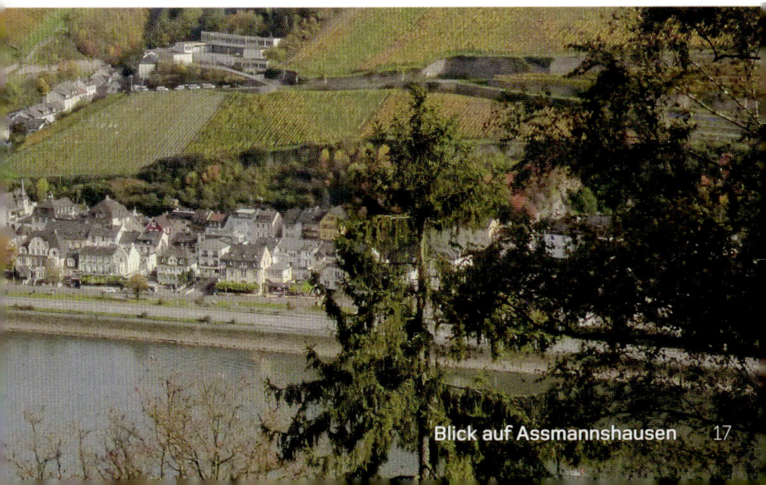

Blick auf Assmannshausen

Dieser führt uns stramm bergab zum Forsthaus Heilig-kreuz **(4)**, dessen gastronomisches Angebot nach **5.3 km** eine Pause wert ist.

Gestärkt setzen wir die Tour fort und wandern nun mit Soonwaldsteig und Hildegard von Bingen Pilgerwanderweg auf schönem Waldweg durch den artenreichen und dichten Binger Wald. Sanft gewinnen wir an Höhe und kommen dabei an einer einladenden Sinnesbank vorbei, von der man einen schönen Blick auf den Rhein genießen kann.

Wenig später überschreiten wir nach **6.2 km** am Damianskopf eine Kuppe. Hier führt rechts ein etwa 100 m langer Zuweg über den Grat an die Hangkante zu einer schönen Rheintalaussicht.

Der Welterbesteig aber bleibt dem fast pfadigen Flankenweg treu und senkt sich nun leicht ab. Als wir mitten durch eine uralte Quarzit Rosselhalde wandern, bietet sich an einer Bank ein Durchblick zum Rhein und nach Assmannshausen.

Nun verlieren wir spürbar an Höhe und erfreuen uns am abwechslungsreichen Wald und den immer wieder zu Tage tretenden Felsklippen.

Nach **7.4 km** knickt unser Weg an einem Wegweiser scharf links ab. Wir passieren einen mitten im Wald hoch aufragenden Felsen und queren gleich darauf den leise rieselnden Poßbach. Sofort geht es nun wieder bergan.

Stramm führt der Pfad aufwärts, was sich erst ändert, als er auf einen breiten Forstweg mündet. Diesem folgen wir nach rechts und freuen uns sehr, als in einer Rechtskurve die Waldkulisse zurückweicht und sich eine Streuobstwiese öffnet.

Nun sind es nur noch wenige Schritte, bis wir nach **8.1 km** am Schweizerhaus **(5)** stehen, wo es manchmal ein gastronomisches Angebot gibt.

Bei Gelegenheit, sollte man einkehren und sich den Blick von der Terrasse nicht entgehen lassen, denn er gehört zu den besten in diesem Abschnitt des Welterbetals.

Was nun folgt, ist eine sehr reizvolle Wegstrecke, denn der Welterbesteig führt uns vom Schweizerhaus aus rechts auf schmalem, streckenweise anspruchsvollem Pfad durch den Steilhang abwärts.

…ig und sinnvoll.

Belohnt werden wir mit toller, urwüchsiger Natur, die diese abenteuerliche Passage perfekt in Szene setzt. Und dann ist es da wieder, dieses Überraschungsmoment, welches der Welterbesteig bis Koblenz immer wieder offenbart: Unser Pfad flacht ab, die Vegetation wird lichter, und unvermittelt finden wir uns auf einem kleinen Vorsprung mit einem altem Türmchen.

Begeistert erobern wir das alte Gemäuer und sind sofort in Bann gezogen vom Ausblick. Unter uns strömt majestä-

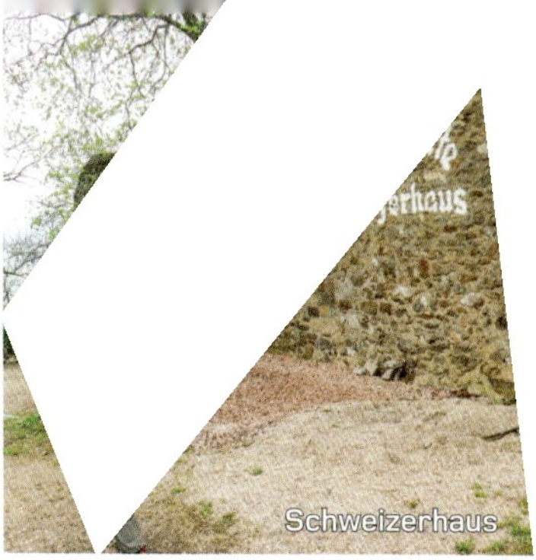

Schweizerhaus

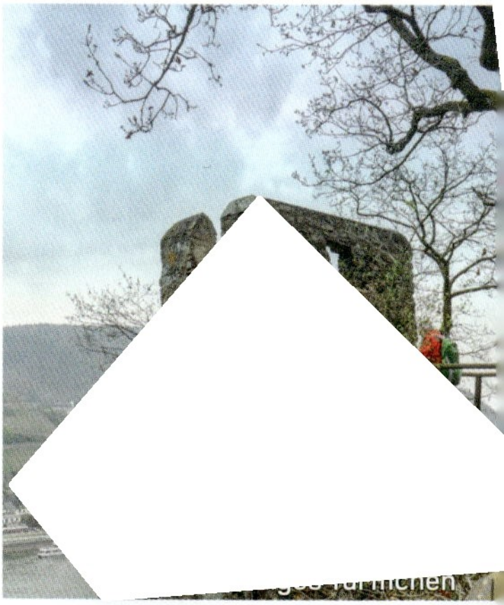

…Türmchen

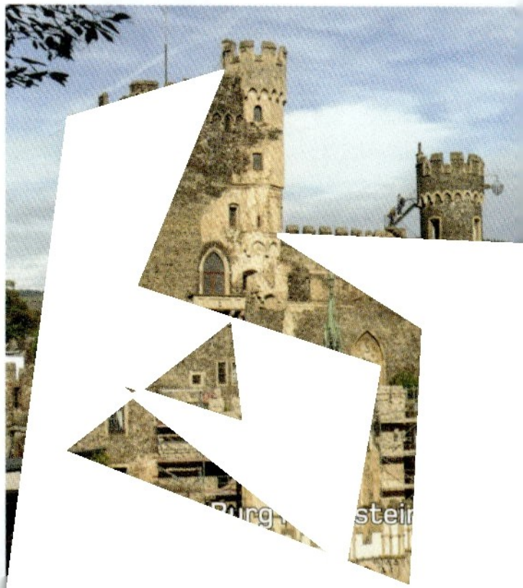

Burg … stein

tisch der Rhein, während links von uns Burg Rheinstein keck ihre Türme und Zinnen in den Himmel reckt. Hier, hoch über dem Flusstal, an der Schnittstelle von Natur und Kultur, erleben wir einen dieser atemberaubenden Welterbemomente, die diesen Steig so besonders machen.

Mühsam reißen wir uns los und folgen dem Pfad bei bester Sicht auf die Burg bis zum Abzweig des Zuweges bei **Kilometer 8.9** **(6)**. Wer mag, kann der Burg einen Besuch abstatten, bevor es auf dem Eselspfad links steil bergan geht.

Während wir nun angestrengt Schritt für Schritt den Berg erobern, zeigt uns der Welterbesteig seine sportlich-herausfordernde Seite. Doch zum Glück lenkt uns die herrliche Natur von der Mühe ab, und auch ein schöner Aussichtsplatz nebst Bank sorgt dafür, dass wir auch diese Bergpassage genießen können.

Nach **9.4 km** sind wir dann angenehm überrascht, als am Ende des Steilstücks unser Pfad rechts auf einen deutlich flacher verlaufenden Waldweg mündet und eine Bank zur Verschnaufpause parat steht.

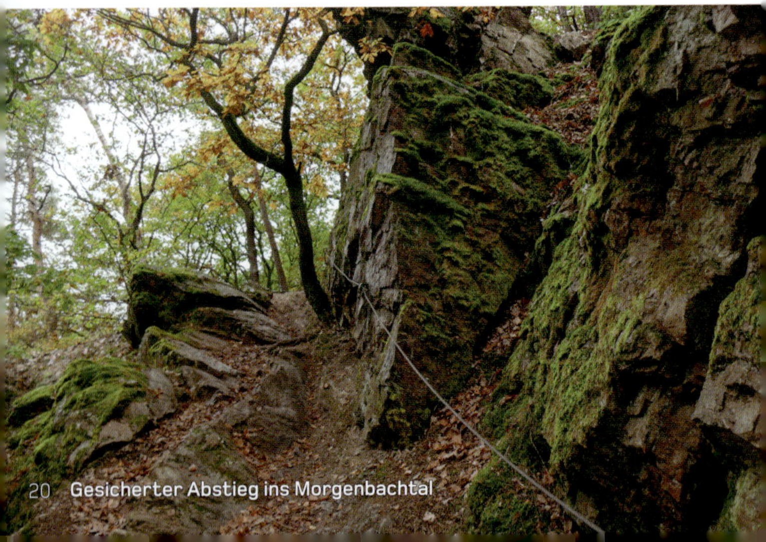


**Gesicherter Abstieg ins Morgenbachtal**

Schnell kommen wir wieder zu Atem und genießen im hohen Mischwald das Rascheln des Laubs unter unseren Füßen.

Doch noch steht uns eine letzte reizvolle Herausforderung bevor: der Abstieg ins wildromantische Morgenbachtal.

Zunächst senkt sich unser Waldweg nur unmerklich ab, doch als wir rechts auf einen Pfad abbiegen, spüren wir deutlich: Es geht talwärts! An einem Felsvorsprung mit urigen Krüppeleichen erwartet uns noch eine aussichtsreiche Bank, bevor absolute Trittsicherheit und Aufmerksamkeit vonnöten sind.

Denn nun stürzt sich unser schmaler Pfad über felsigen Grund dem Morgenbachtal entgegen. Eine massive Felsklippe meistern wir mithilfe einer Seilsicherung, und dann ist es geschafft: Nach **10.5 km** stehen wir am Wegweiser im Morgenbachtal **(7)** und nehmen für heute Abschied vom Welterbesteig.

**ZUWEG:** *Um nach Trechtingshausen zu gelangen, biegen wir am Wegweiser rechts ab und steigen über die Treppe zum Talweg ab. Der führt uns zum Ausgang des Tals, wo wir die B 9 erreichen. An einem Parkplatz queren wir vorsichtig die Straße und kurz darauf per Bahnübergang auch die Gleise. Nun folgen wir einem asphaltierten Wirtschaftsweg links nach Trechtingshausen, dessen Bahnhof wir nach* **1.3 km** *erreichen.*

## FAZIT

Der Welterbesteig nutzt auf dieser Etappe oft naturbelassene Wege und Pfade. Witterungsbedingt können einige Passagen rutschig oder matschig sein. Festes, knöchelhohes Schuhwerk und eventuell auch Wanderstöcke sowie gute Trittsicherheit sind daher empfehlenswert.

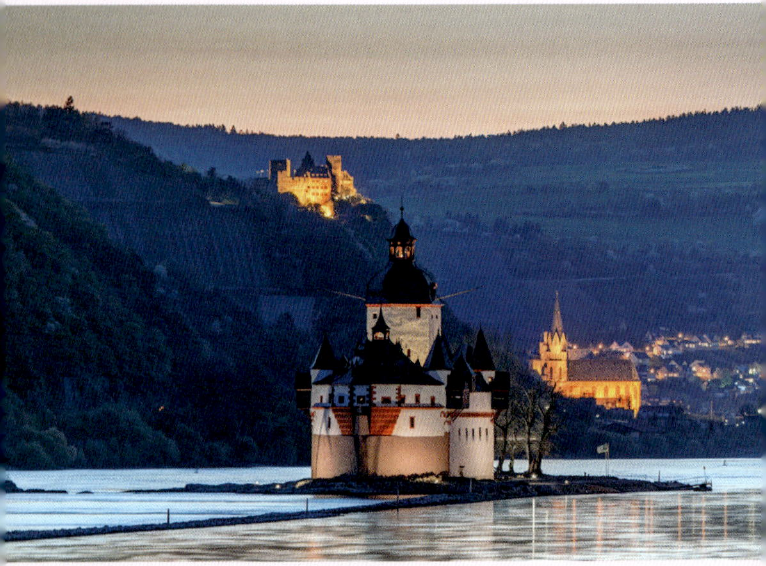

## Kulturerbe am Mittelrhein

*Juni 2002: Die UNESCO nimmt das Obere Mittelrheintal in die Welterbe-Liste auf. Das Obere Mittelrheintal zwischen Bingen und Koblenz war damit die erste deutsche Kulturlandschaft, die diesen Status verliehen bekam. Ausschlaggebend für die Anerkennung war neben den landschaftlichen Reizen die Dichte an Burgen, Schlössern, Klöstern und Kirchen sowie das damit verknüpfte reiche Kulturerbe an Sagen und Mythen, Literatur, Musik und Kunst. Die Auszeichnung bringt neben weltweiter Anerkennung auch Pflichten. Die Bewahrung der Kulturlandschaft muss mit der Entwicklung der Region in Einklang stehen. Der Zweckverband Welterbe Oberes Mittelrheintal kümmert sich seit 2005 um die Bündelung der Aktivitäten zum Erhalt und zur Entfaltung des Welterbetals. Dabei werden Projekte wie die William Turner Route umgesetzt, die es ermöglicht, Stationen des berühmten Malers an Originalschauplätzen nachzuempfinden. ⓦ www.welterbe-mittelrheintal.de*

*Tourist-Information Bingen, Rheinkai 21, 55411 Bingen, 06721/184205, www.bingen.de*

*Forsthaus Heiligkreuz, Heilig-Kreuz-Weg 8, 55411 Bingen, 06721/4003833, www.forsthaus-heiligkreuz.com*
- *Kleiner Weinprinz Burg Rheinstein (nur für Burgbesucher), 06721/6377, www.burg-rheinstein.de*

*Hotel Café Köppel, Kapuzinerstraße 12, 55411 Bingen, 06721/14770, www.hotel-koeppel.de*
- *Hotel Krone, Rheinkai 19-20, 55411 Bingen, 06721/17016, www.hotel-krone-bingen.de*
- *Rhein-Nahe Jugendherberge, Herbertstraße 51, 55411 Bingen am Rhein 06721/32163, www.diejugendherbergen.de*
- *Burg Reichenstein, Burgweg 24, 55413 Trechtingshausen, 06721/6117, www.burg-reichenstein.de*
- *Gasthaus Weisses Ross, Mainzer Str. 30, 55413 Trechtingshausen, 06721/703495*

*Wohnmobilpark Bingen, Mainzer Straße, 55411 Bingen-Gaulsheim, 06725/308789, www.wohnmobilpark-bingen.de*
- *Campingplatz Hindenburgbrücke – Bauer Schorsch, 55411 Bingen-Kempten, 06721/17160 oder 2293, www.bauer-schorsch.de*

*Bingen hat zwei Bahnhöfe (Stadt Bf. & Hbf.) und ist sowohl im Nahverkehr als auch im Fernverkehr gut erreichbar. www.mittelrheinbahn.de*

*Taxi on Time, 06721/48454, www.taxiontime.de*
- *Taxizentrale Eislöffel 06721/35649 oder 14500, www.taxi-eisloeffel.de*
- *Taxi Gerch 06721/33030*
- *Taxi-Muders 06721/43484*

Besondere Trittsicherheit ist vor allem beim Abstieg ins Morgenbachtal, aber auch auf anderen Pfadpassagen notwendig. Bei Eis und Schnee sind diese Abschnitte nicht empfehlenswert.

Diese Etappe des Welterbesteigs ist für gut trainierte und trittsichere Hunde problemlos zu bewältigen. Unterwegs gibt es allenfalls am Poßbach Zugang zu Wasser.

# 02 Trechtingshausen - Niederheimbach

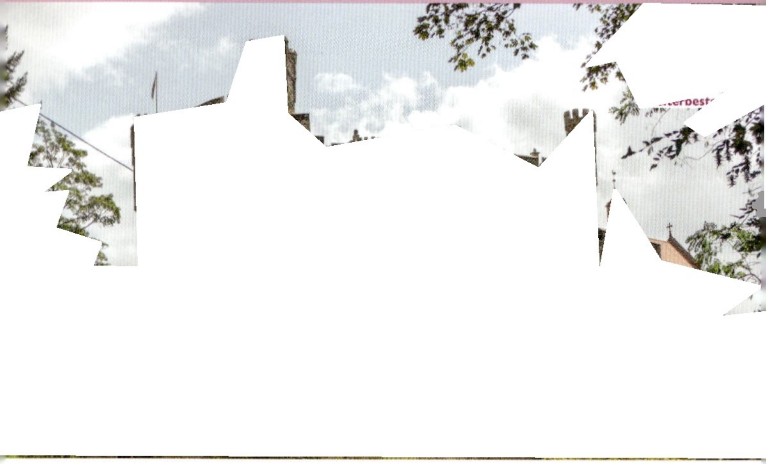

| km | Zeit | ↑ | ↓ | Höchster Punkt | | | Download |
|---|---|---|---|---|---|---|---|
| 14,4 (+1,6) | 4h 50min | 432 | 483 | 462 | 1081 | 1268 | WESX2X9 |

**Start:** Trechtingshausen, Abzweig Morgenbachtal
**Ziel:** Niederheimbach, Champtoceaux Platz

**Anfahrt:** Nach Trechtingshausen und Niederheimbach gelangt man durchs Rheintal auf der B 9.

**Parken:** Morgenbachtal
N50° 00' 19,0" • E7° 51' 17,4"
Jägerhaus
N49° 59' 03,5"
E7° 49' 38,8"
Burg Sooneck
N50° 01' 18,3"
E7° 49' 13,0"
P&R am Bf. Niederheimbach
N50° 02' 10,5" • E7° 48' 17,5"

scan to go®

**Wegpunkte:**
**P1** Abzweig Trechtingshausen
32 U 417510 5539589
**P2** Abzweig Jägerhaus
32 U 415926 5537345
**P3** Schutzhütte Köhlsche Wiese
32 U 415821 5540244
**P4** Siebenburgenblick
32 U 415530 5541323
**P5** Abzweig Burg Sooneck
32 U 415549 5541674
**P6** Schutzhütte Taubenhölle
32 U 414796 5542355
**P7** Niederheimbach
32 U 414467 5543138

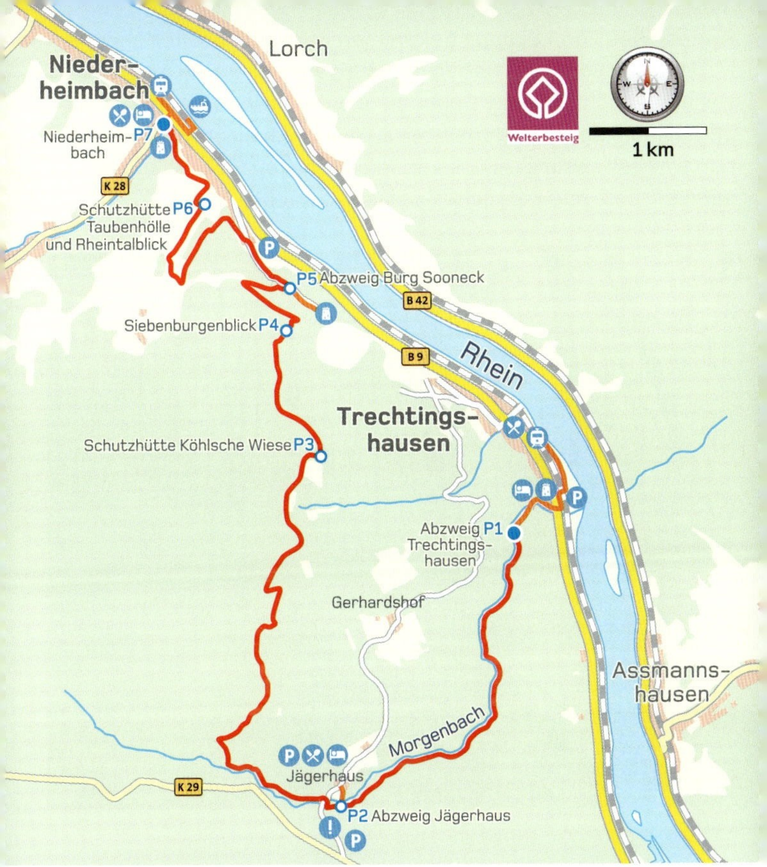
Lorch
Nieder-heimbach
Niederheim-bach P7
K 28
Schutzhütte Taubenhölle und Rheintalblick P6
P5 Abzweig Burg Sooneck
B 42
Siebenburgenblick P4
B 9
Rhein
Trechtings-hausen
Schutzhütte Köhlsche Wiese P3
Abzweig Trechtings-hausen P1
Gerhardshof
Assmanns-hausen
Morgenbach
Jägerhaus
K 29
P2 Abzweig Jägerhaus
Welterbesteig
1 km

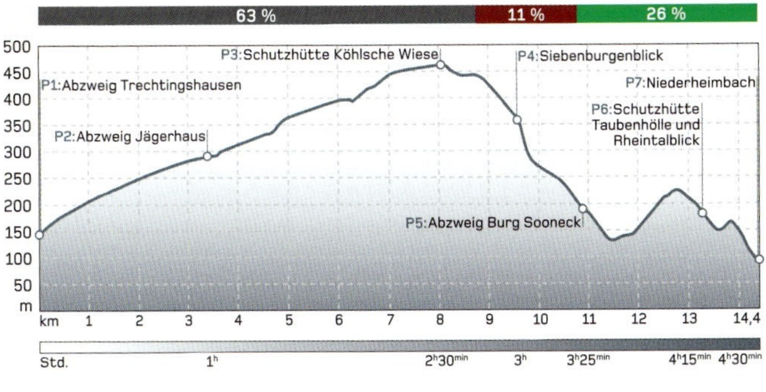
63 %
11 %
26 %
500
450
400
350
300
250
200
150
100
50
m
P1: Abzweig Trechtingshausen
P2: Abzweig Jägerhaus
P3: Schutzhütte Köhlsche Wiese
P4: Siebenburgenblick
P5: Abzweig Burg Sooneck
P6: Schutzhütte Taubenhölle und Rheintalblick
P7: Niederheimbach
km 1 2 3 4 5 6 7 8 9 10 11 12 13 14,4
Std. 1h 2h30min 3h 3h25min 4h15min 4h30min

**Auf der heutigen Etappe bekommen wir eine geballte Ladung Mittelalter serviert: Neben der Burg Reichenstein passieren wir auch noch die Burg Sooneck und die Burg Hohneck. Beim Jägerhaus locken Waldgeister zu einem Abstecher, und nicht nur am Siebenburgenblick können wir entspannte Waldeinsamkeit und eine herrliche Aussicht genießen.**

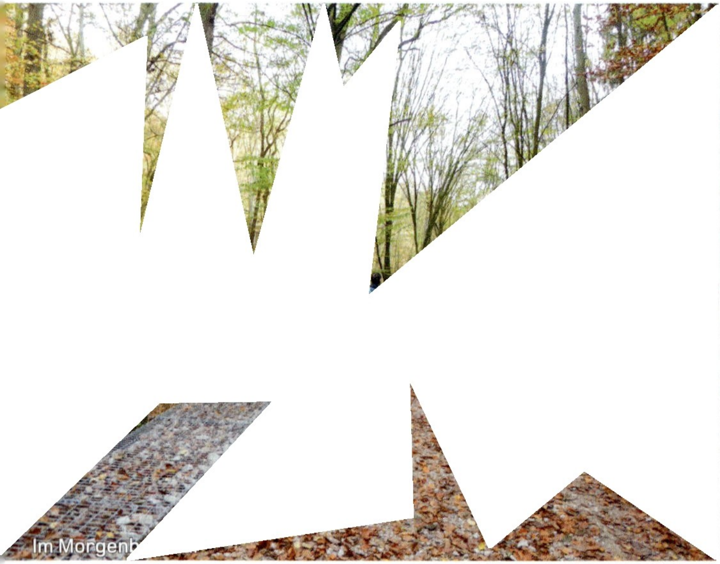

Im Morgenb

**ZUWEG:** *Vom Bahnhof Trechtingshausen aus folgen wir dem asphaltierten Wirtschaftsweg zwischen Rhein und Bahndamm Richtung Campingplatz und Bingen. Über die Brücke gelangen wir auf die andere Gleisseite und laufen auf dem Gehweg neben der B 9 bis zum Parkplatz Morgenbachtal. Hier queren wir die Straße und folgen dem Zuweg durch das Tal bergan. Nach* **1.3 km** *treffen wir nach einem Aufstieg über eine Treppe am Wegweiser im unteren Morgenbachtal auf den Welterbesteig* **(1)***, der hier zusammen mit dem Soonwaldsteig verläuft.*

Kaum haben wir die Spur des Welterbesteigs wieder aufgenommen, da zieht uns schon das wildromantische Morgenbachtal in seinen Bann. Das kraftvoll talwärts plätschernde Waser und uralte bemooste Baumstämme verleihen dem schluchtenartigen Tal eine einzigartige, fast mystische Atmosphäre.

Unser Weg verläuft in unmittelbarer Nähe zum Bach, und immer wieder zeigen uns Ausbesserungen in der Uferbefestigung, welch entfesselte Kräfte dieser scheinbar harmlose Bach entwickeln kann. So idyllisch das Wasser an Felsstufen kaskadengleich zu Tal strömt, so verheerend kann sich die Wasserflut hier bei Starkregen und Unwetter Richtung Rhein wälzen. Dann sollte man sich in keinem Fall in diesem Tal aufhalten ...

Wir haben aber einen ruhigen Wandertag gewählt und können die urwüchsige Natur des Tals in vollen Zügen genießen. An einer uralten Brücke mündet von rechts das Aderbachtal, wir aber bleiben dem Morgenbach treu und setzen den Aufstieg zielstrebig geradeaus wandernd fort.

Nach **1.8 km** erreichen wir eine kleine Schutzhütte, an der von links oben auch der Rheinburgenweg und der Hildegard von Bingen Pilgerwanderweg vom Schweizerhaus ins Morgenbachtal kommen.

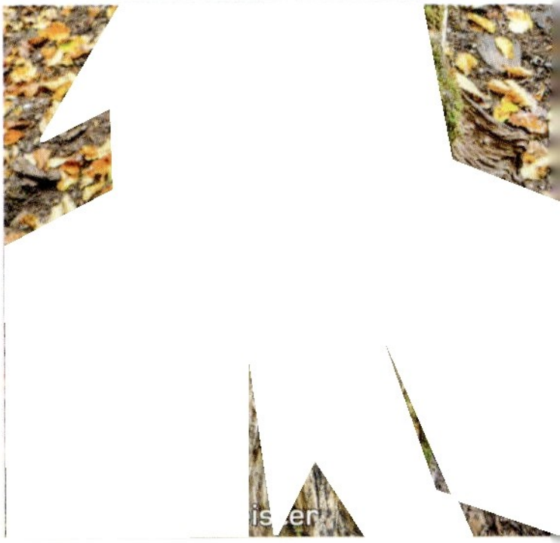

Nach kurzer Pause im Grünen setzen wir den Aufstieg durch den Wald neben dem Bach fort. Schritt für Schritt gewinnen wir Höhe, und allmählich treten die steilen Felswände in den Hintergrund. Das anfangs noch recht wilde Wasser wandelt sich immer mehr zum idyllischen Waldbach.

Einmündende Waldwege ignorieren wir und laufen stetig neben dem Bach weiter, bis wir nach **3.4 km** am Abzweig zum Jägerhaus und der Einmündung der Steckeschlääferklamm **(2)** eintreffen. Hier verabschiedet sich der Hildegard von Bingen Pilgerwanderweg endgültig, und auch der Rheinburgenweg biegt vorerst ab.

Für uns bietet sich an dieser Stelle ein toller Abstecher an, denn was sind das nur für merkwürdige Gestalten, die uns mit hölzern-starrem Blick beäugen? Kein Zweifel, das müssen die berühmten Waldgeister der Steckeschlääferklamm sein, die uns aus Wurzeln und Baumstümpfen anvisieren.

Die kunstvoll geschnitzten Fratzen und Figuren locken Familien zu einem sehr vergnüglichen und kurzweiligen ca. 1.2 km langen Abstecher durch die Klamm. Wetten, dass Sie sich beim Versuch, die Waldgeister zu beziffern, verzählen werden? Wer danach erschöpft ist und eine

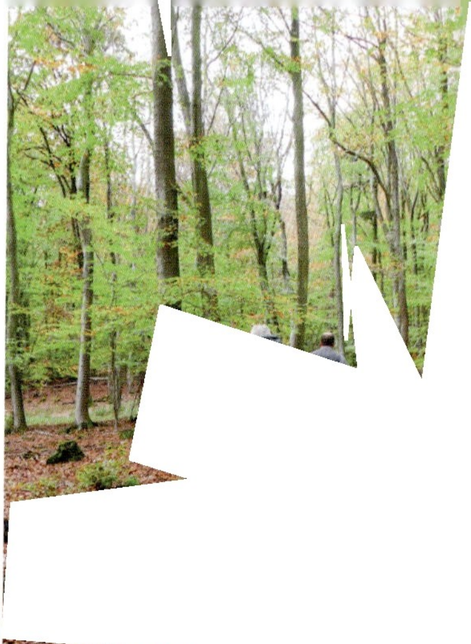

Wanderspaß im Buchen

Stärkung braucht, der sollte vom Wegweiser den kurzen Zuweg nach rechts nutzen, um im nahen Jägerhaus einzukehren. Im Anschluss könnte die Fortsetzung der Wanderung auf dem Welterbesteig allerdings wegen zu vollen Magens zumindest anfangs etwas schwer fallen ... Doch etwaig zu viel geschlemmte Kalorien werden wir auf dem Weg bis Niederheimbach ganz locker wieder loswerden.

Der Welterbesteig führt vom Wegweiser am Abzweig Jägerhaus geradeaus zur nahen

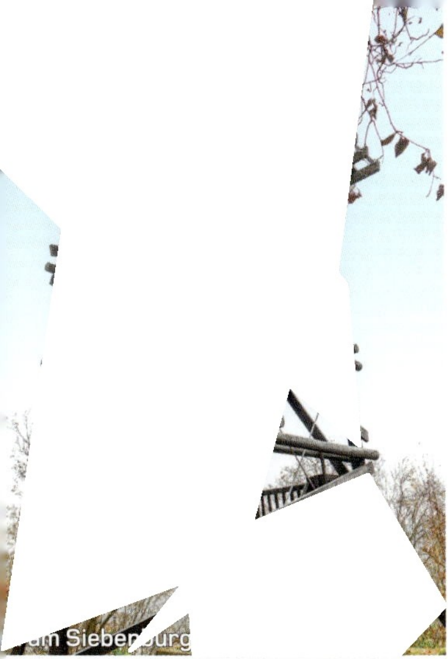

Straße, quert sie und folgt ihr etwa 50 m rechts bergan. Dann schickt uns der nächste Wegweiser zusammen mit dem Soonwaldsteig links auf einen Waldweg weiter ins obere Morgenbachtal.

Es dauert nicht lange, und die Natur hat uns wieder völlig in Bann geschlagen, denn die Kombination aus dichtem Laubmischwald, dem leise gurgelnden Morgenbach und dem angenehm zu laufenden Waldweg wirkt enorm entspannend. Als ein Weg nach rechts abbiegt, führt der Welterbesteig geradeaus weiter, doch ein Rastplatz lädt zum Verweilen und Genießen der ruhigen Atmosphäre ein.

Kurz darauf rückt der Bach ganz nah an den mittlerweile zum Pfad verengten Steig heran, und beim Blick auf das über Steine und Ministufen talwärts rauschende Wasser kommt fast meditative Stimmung auf. Und auch das ist charakteristisch für das Welterbetal: herrlich stille Momente abseits von Trubel und Touristik, die es einfach nur auszukosten gilt.

Nach **4.6 km** endet dieses Idyll, denn unser Pfad stößt auf einen breiten Waldweg, dem wir nach rechts folgen. Nur wenige Schritte später erreichen wir einen Wegweiser, an dem wir uns endgültig vom Soonwaldsteig verabschieden und rechts abbiegen.

Sanft steigt der Waldweg an, und an einer Gabelung knickt der Welterbesteig scharf nach rechts ab. Querende Wege lassen wir unbeachtet und folgen der Markierung durch die urwüchsige Natur im Bereich des unscheinbaren Schägeleberges.

Hinter dem Wall aus grauen Steinbrocken verbirgt sich hier mitten im Wald ein gut geschütztes Refugium für seltene Pflanzen und Tiere. Wir begnügen uns also mit dem Hinschauen und freuen uns, dass der Steig uns so nah an das Schutzgebiet führt. Wir verlieren etwas Höhe und treffen an einem querenden Forstweg auf den nächsten Wegweiser.

Der Welterbesteig behält die Richtung bei und führt uns nun auf einem Naturpfad mitten durch den von Buchen dominierten Wald. Noch einmal queren wir einen Forstweg, folgen weiter dem Pfad und treffen schließlich nach **6.3 km** auf einen breiten Weg.

Wir wenden uns nach links und wandern nun stetig aber gemütlich bergan. An der nächsten Wegkreuzung schickt uns ein Wegweiser nach links, während es rechts zum nahen Gerhardshof geht.

Zudem mündet an der Stelle wieder der Rheinburgenweg auf unsere Trasse. Gemeinsam erobern wir den Hochwald. Auf dem befestigten Forstweg kommen wir bestens voran. Das gibt uns ausreichend Zeit, den Wald um uns herum zu betrachten: Eben noch im Laubmischwald, schiebt sich plötzlich ein Nadelbaumareal in den Vordergrund.

Immer wieder erkennen wir frische Rodungen: Auch hier sind die Folgen der Hitzejahre nicht spurlos geblieben. Mit einigen Kurven führt uns der Welterbesteig durch den ausgedehnten Wald, Nebenwege ignorieren wir.

Bald erblicken wir rechts immer wieder Wiesen, die den Wald unterbrechen und dem Rotwild zum Äsen dienen. Dann ist es so weit: An einer Gabelung macht unser Weg einen scharfen Rechtsknick, und wir überschreiten den höchsten Punkt der heutigen Etappe. Sanft senkt sich der Weg ab, und wir treffen nach **8.1 km** an der Schutzhütte an der Köhlschen Wiese **(3)** ein.

Idyllisch im Schatten uralter Bäume mit Blick auf besagte Köhlsche Wiese gelegen, nutzen wir die Hütte zur kurzen Rast, bevor wir die Tour auf breitem Weg fortsetzen.

Wir müssen Abschied nehmen von der herrlichen Stille des Waldes, denn zunächst nur sehr leise, dann aber immer deutlicher dringen Geräusche und ein Rumoren an unsere Ohren: Wir nähern uns ganz offensichtlich dem Rheintal und dem Quarzitsteinbruch.

Noch immer verlieren wir an Höhe, während sich auch im Wald ein Wandel vollzieht: Der Hochwald wird zunehmend von gedrungenen Krüppeleichen abgelöst, und immer häufiger ziehen Quarzitfelsen am Wegesrand unsere Aufmerksamkeit auf sich.

Nach **9.4 km** erreichen wir an einem Wegkreuz eine Verzweigung und wandern nun deutlich abwärts rechts weiter. Bald schon sehen wir voraus unser nächstes Zwischenziel aufragen: den Aussichtsturm am Siebenburgenblick **(4)**.

Klar lassen wir es uns nicht nehmen, den Turm zu erobern und nehmen uns auch die Zeit, alle sieben Burgen auszuspähen, die es hier nun beidseits des Rheins zu entdecken gibt. Am Fuß des Turms bietet zudem ein Rastplatz Gelegenheit zum zünftigen Picknick, bevor es wieder etwas abenteuerlich wird, denn nun geht es auf den Martinspfad.

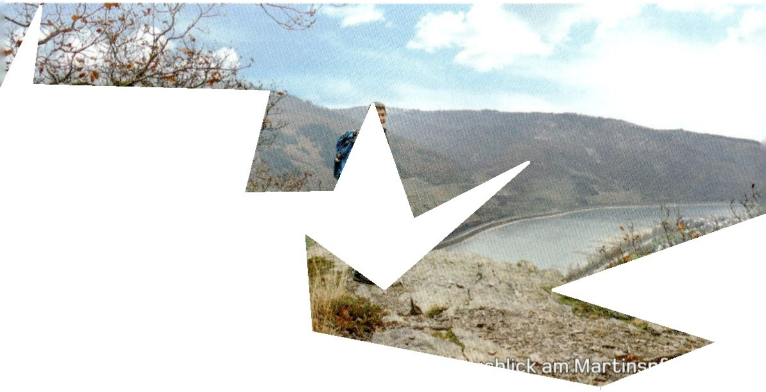

Nach dem ersten Steilstück hält der Welterbesteig wieder einen dieser besonderen Glücksmomente für uns bereit, denn nun öffnet sich auf einem kleinen Felsvorsprung eine grandiose Aussicht auf den Rhein – und wir fühlen uns wie beflügelt und angesichts des Blicks auch ein wenig wie Caspar David Friedrich auf seiner Rheinreise. Beschwingt, aber konzentriert setzen wir die Wanderung fort, folgen dem nun deutlich weniger anspruchsvollen Pfad durch den Niederwald der Hangflanke.

Viel zu schnell endet dieser herrliche Abschnitt an einem breiten Weg, dem wir uns nun rechts zuwenden, um weiter talwärts zu gelangen. In einer Kurve mit Bank weist uns nach **10.9 km** ein Wegweiser auf die nahe Burg Sooneck **(5)** hin, die über einen kurzen Zuweg erreichbar ist. Der Steig

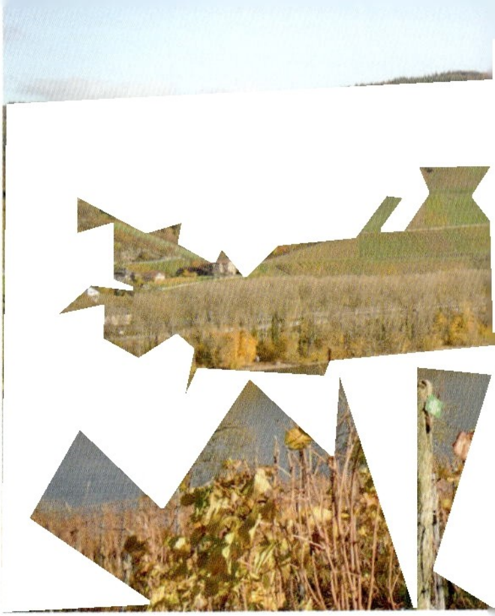

selbst biegt links ab und führt uns kurz darauf am Parkplatz der Burg und einem ersten tollen Rheinblick vorbei. Davon werden wir noch mehr bekommen! Denn kaum haben wir auf der Burgzufahrt ein Gehölz durchquert, weicht die Vegetation zurück, und vor uns öffnet sich ein atemberaubendes Rheinpanorama.

Über die Weinberge und ersten Ausläufer von Niederheimbach hinweg blicken wir auf den großen Strom und das berühmte Tal. Einfach schön. Wir folgen der Straße bergab und biegen unmittelbar vor dem ersten Haus links ab.

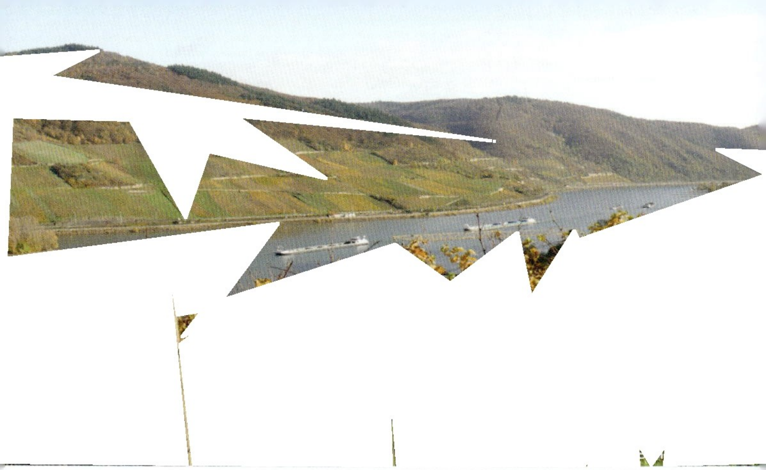

Bald erreichen wir am Schloßberghof das Ende der Straße und folgen dem nun nur noch befestigten und von Gehölz umschlossenen Weg über eine Kuppe hinab ins Erschbachtal. Dort trennen wir uns an einem Wegweiser erneut vom Rheinburgenweg und biegen nach der Bachquerung links auf einen Naturweg ab. Jetzt wird es wieder richtig sportlich! Auf weichem Grund, eingehüllt in dichtes Grün, kämpfen wir uns zwischen Bach und Wiesen tapfer bergan.

Geschafft: Wir dürfen das Gehölz verlassen und rechts auf einen deutlich flacheren Wiesenweg wechseln.

Der Landschaftswechsel ist spannend, denn nun dominieren Hecken, Wiesen und vereinzelte Streuobstbäume die Szene. Einen rechts abzweigenden Weg ignorieren wir, laufen durch ein weiteres Gehölz und spüren danach dankbar: Es geht wieder runter!

Erneut öffnet sich die Vegetation, und unser Blick schweift über erste Weinberge Richtung Rheintal. Gemütlich wandern wir bei

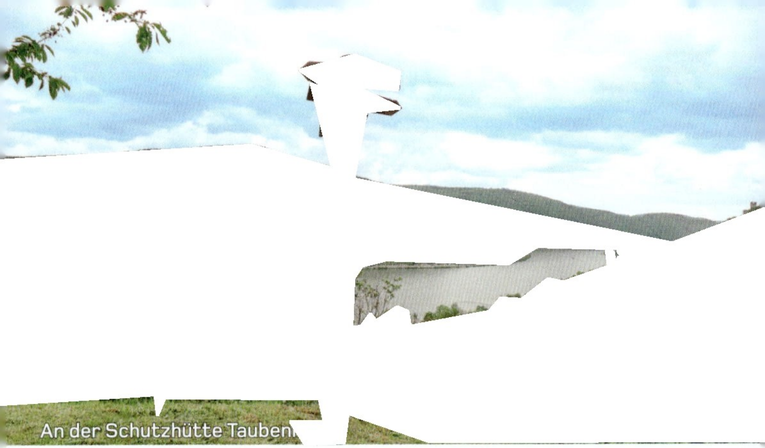

An der Schutzhütte Tauben…

guter Aussicht abwärts. Es stört uns angesichts des Rahmenprogramms wenig, als wir an einer Weggabelung die Richtung beibehalten und auf Asphalt unterwegs sind.

Nach **13.3 km** hat der Welterbesteig dann aber auch wieder eine schöne Überraschung für uns: Wir stehen an der Schutzhütte Taubenhölle **(6)** und können von hier aus das herrliche Rheinpanorama entspannt auskosten.

Begeistert setzen wir den Abstieg noch etwas fort und biegen beim nächsten Wegweiser an einer Verzweigung links ab. Nun steigt der Welterbesteig noch ein letztes Mal durch eine Gehölzzone bergan.

Doch lange dauert es nicht, bis wir in einer scharfen Kurve bei einer Bank einfach geradeaus weiterlaufen und Anstieg und Asphalt hinter uns lassen. Nur 50 m später dürfen wir an zwei gemauerten Rundsäulen den Abzweig nach rechts auf den „Pfad der Steine", wie dieser Abschnitt des alten Kuhweges auch heißt, nicht verpassen.

Kurz erhaschen wir noch einen Blick zum Rhein, dann säumen dichte Hecken den fast hohlwegartigen Welterbesteig. Es geht stramm bergab, Trittsicherheit ist bei nassem Grund wieder sehr wichtig. Etliche Höhenmeter tiefer stoßen wir auf einen Wirtschaftsweg, setzen aber den Abstieg mit kleinem linksversatz auf dem Kuhweg fort.

Wir bleiben auf dem steilen Kuhweg und gelangen hinter dem Kindergarten an den Ortsrand von Niederheimbach, wo wir auch wieder auf den Rheinburgenweg stoßen. Gemeinsam folgen wir dem Kuhweg bergab, der uns nun, von zahlreichen Märchenfiguren flankiert, zur Heimburg (auch Burg Hohneck genannt) führt. Wir laufen unter einem Brückenbogen hindurch und spüren nun Pflaster unter den Sohlen.

Mit einigen gut markierten Schlenkern schrauben wir uns auf schmalem Fußweg tiefer und treffen schließlich nach **14.4 km** im Herzen von Niederheimbach am Champtoceaux Platz ein **(7)**, wo wir für heute den Welterbesteig verlassen.

**ZUWEG:** *Wer zum Bahnhof möchte, biegt nun rechts ab und läuft neben der Straße „Heimbachtal" bis zur B 9 (Rheinstraße). Dort wendet man sich nach links und steht nach insgesamt* ***0.3 km*** *Zuweg am Bahnhof. Wer zur Fähre nach Lorch möchte, wendet sich an der B 9 nach rechts und nutzt die Bahnunterführung an der Ampel, um nach insgesamt* ***0.5 km*** *Zuweg an der Fähre zu stehen.*

## FAZIT

Der Welterbesteig nutzt auf dieser Etappe oft naturbelassene Wege und Pfade. Witterungsbedingt können einige Passagen rutschig oder matschig sein. Festes, knöchelhohes Schuhwerk und eventuell auch Wanderstöcke sowie gute Trittsicherheit sind daher wichtig.

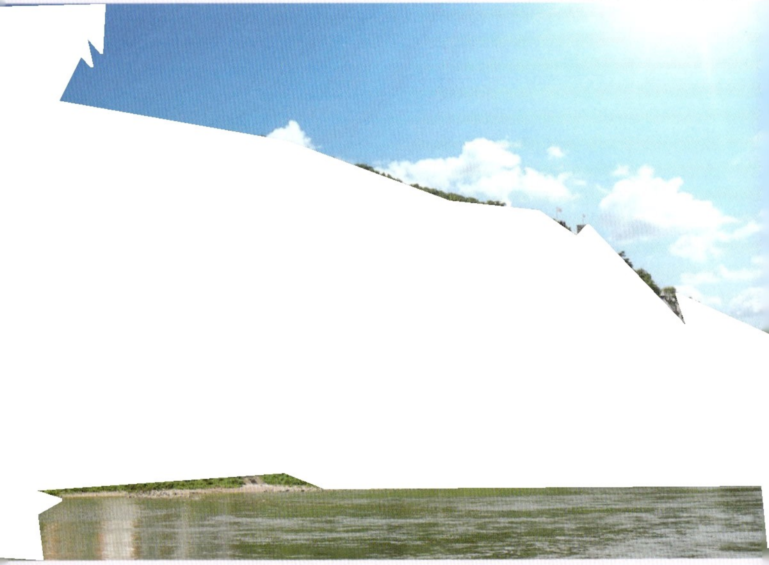

## Räuber-Romantik

*Gerhard von Rheinbod war 1196 bis 1212 Vogt auf Burg Reichenstein und widmete sich dem Raubrittertum im großen Stil. Er erhob illegale Zölle und tyrannisierte Land und Leute. 1241 setzte Philipp von Hohenfels die Raubritterei noch schlimmer fort. Der Städtebund entsandte ein Heer, das die Burg zerstörte. Doch von Hohenfels baute die Burg wieder auf und ging erneut auf Raubzug, was sein Sohn beibehielt. 1282 belagerte daher König Rudolf von Habsburg die Burg und brannte sie nach Aufgabe der ausgehungerten Besatzung nieder. Ab 1344 nutzte das Erzbistum Mainz die Burg wieder als Wohnburg. Im 16. Jahrhundert wurde sie dem Verfall preisgegeben und 1689 im Pfälzer Erbfolgekrieg zerstört. Im 19. Jahrhundert erfolgte der Wiederaufbau im neugotischen Stil, nur wenig vom ursprünglichen Grundriss blieb erhalten. Sehenswert ist besonders die Sammlung von Ofenplatten, Waffen und Porzellan aus dem 16. bis 19. Jahrhundert. ⓘ www.burg-reichenstein.com*

*Tourist-Information Bingen, Rheinkai 21, 55411 Bingen, 06721/184205, www.bingen.de*

*Forsthaus Jägerhaus, 55413 Weiler/Binger Wald, 06721/159241, www. forsthaus-jägerhaus.de*
■ *Weingut & Gutsausschank Jens Fendel, Rheinstr. 79, 55413 Niederheimbach, 06743/6829, www.weingut-fendel.de*

*Gästehaus zur Heimburg, Heimbachtal 6, 55413 Niederheimbach, 0172/6955357, www.hausheimburg.de*
■ *Hotel & Restaurant Weinberg Schlösschen, Hauptstr. 2, 55413 Oberheimbach, 06743/9471840, www. weinberg-schloesschen.de*

*Wohnmobilstellplatz und Campingplatz Marienort, Am Morgenbach 1, 55413 Trechtingshausen, 06721/6133, www. campingplatz-marienort.de*

*Trechtingshausen und Niederheimbach werden im Stundentakt von der Mittelrheinbahn angefahren. www.mittelrheinbahn.de*

*Taxi on Time, 06721/48454, www.taxiontime.de Taxizentrale Eislöffel 06721/35649 oder 14500, www.taxi-eisloeffel.de*

Besondere Trittsicherheit ist auf dem Martinspfad, im Erschbachtal und auf dem Kuhweg gefordert. Bei Eis und Schnee ist der Martinspfad nicht empfehlenswert, kann aber über den längeren Forstweg umgangen werden. Auch weitere Naturweg- und Pfadpassagen dieser Etappe verlangen bei nasser Witterung gute Aufmerksamkeit.

Diese Etappe des Welterbesteigs ist für gut trainierte und trittsichere Hunde problemlos zu bewältigen. Unterwegs gibt keinen Zugang zu Wasser.

# 03 Niederheimbach - Bacharach

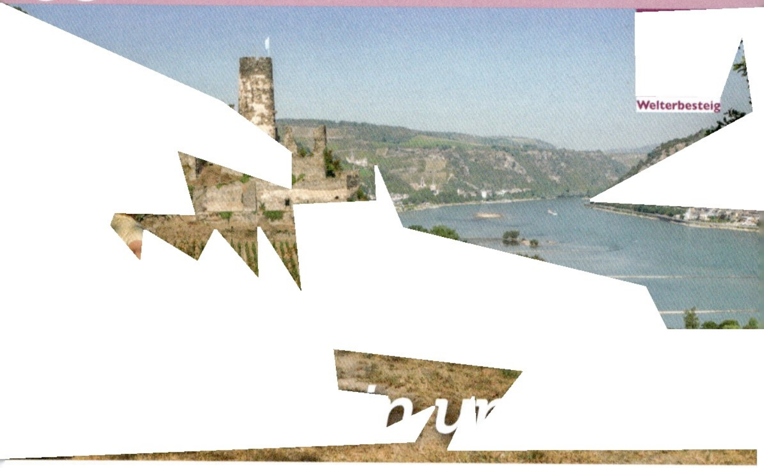


| 11,5 (+1,0) | 3h 45min | 344 / 350 | 260 | 837 / 982 | WESX3X8 |
|---|---|---|---|---|---|
| km | | ↑ ↓ | | | |

**Start:** Niederheimbach Champtoceaux Platz
**Ziel:** Bacharach, Malerwinkel

**Anfahrt:** Niederheimbach und Bacharach erreicht man am besten durchs Rheintal auf der B 9.

**Parken:** Bf. Niederheimbach P&R
N50° 02' 10.5" • E7° 48' 17.5"
Bacharach entlang Mainzer Str.
N50° 03' 18.5"
E7° 46' 11.4"
Bacharach entlang B 9 (Gebühr)
N50° 03' 36.6"
E7° 46' 09.7"

scan to go®

**Wegpunkte:**
**P1** Niederheimbach Champtoceaux Platz
32 U 414467 5543138
**P2** Heimburg-Blick
32 U 414278 5543182
**P3** Fürstenberg-Blick
32 U 413357 5543783
**P4** Ruine Fürstenberg
32 U 413122 5543977
**P5** Ellert-Kopf
32 U 412462 5544483
**P6** Rastplatz Lorchhausenblick
32 U 412020 5545043
**P7** Abzweig Burg Stahleck
32 U 411677 5545883
**P8** Bacharach, Malerwinkel
32 U 411632 5545976

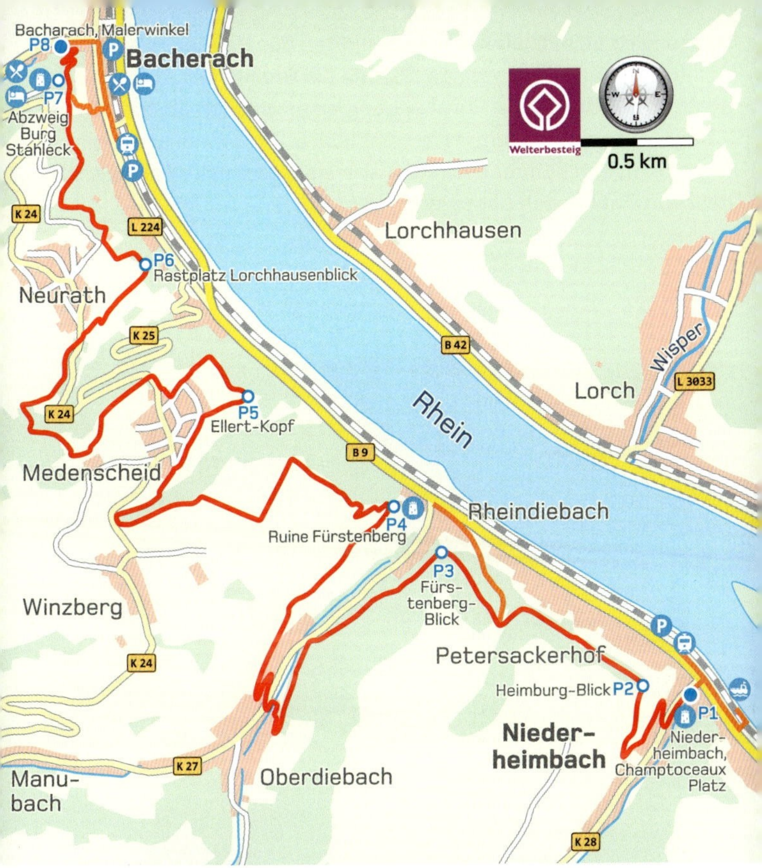
Bacharach, Malerwinkel
P8
Bacharach
P7
Abzweig Burg Stahleck
K 24
L 224
P6
Rastplatz Lorchhausenblick
Neurath
K 25
Welterbesteig
0.5 km
Lorchhausen
B 42
Wisper
L 3033
Lorch
Rhein
P5
Ellert-Kopf
K 24
Medenscheid
B 9
Rheindiebach
P4
Ruine Fürstenberg
P3
Fürs-tenberg-Blick
Winzberg
K 24
Petersackerhof
Heimburg-Blick P2
P1
Nieder-heimbach
Nieder-heimbach, Champtoceaux Platz
K 27
Manu-bach
Oberdiebach
K 28

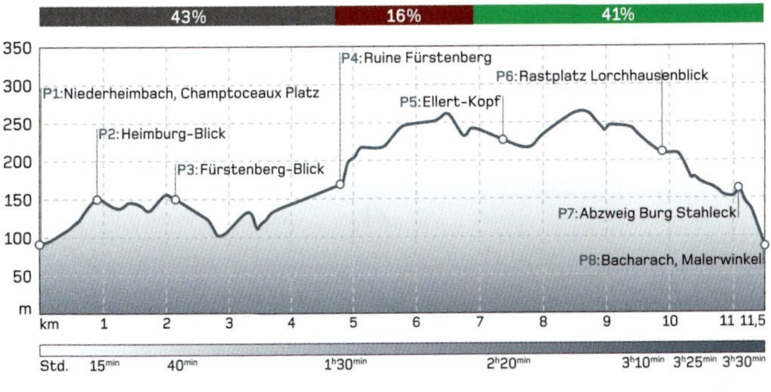
43%
16%
41%
350
300
250
200
150
100
50
m
P1: Niederheimbach, Champtoceaux Platz
P2: Heimburg-Blick
P3: Fürstenberg-Blick
P4: Ruine Fürstenberg
P5: Ellert-Kopf
P6: Rastplatz Lorchhausenblick
P7: Abzweig Burg Stahleck
P8: Bacharach, Malerwinkel
km 1 2 3 4 5 6 7 8 9 10 11 11,5
Std. 15min 40min 1h30min 2h20min 3h10min 3h25min 3h30min

Heute wird es mittelalterlich: Zu Füßen der Heimburg starten wir in die enorm kurzweilige Etappe bis Bacharach. Unterwegs statten wir der Ruine Fürstenberg einen Besuch ab, bevor wir – begleitet von grandiosen Rheinblicken – zur eindrucksvollen Burg Stahleck kommen, von der wir ins pittoreske Fachwerkidyll von Bacharach absteigen.

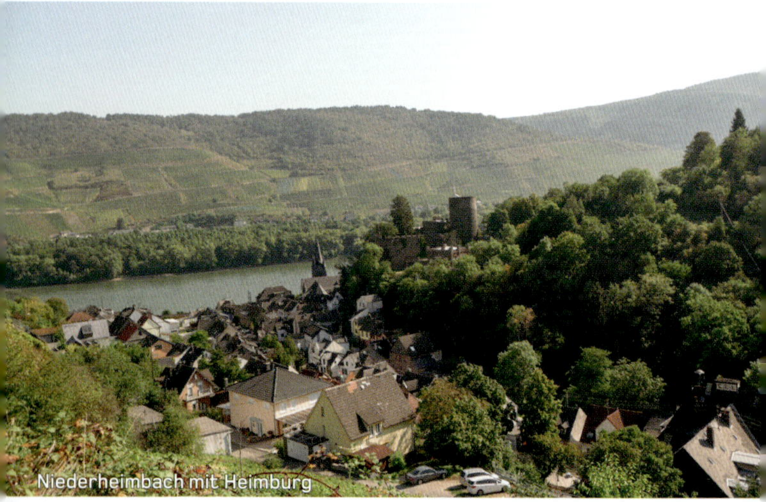

Niederheimbach mit Heimburg

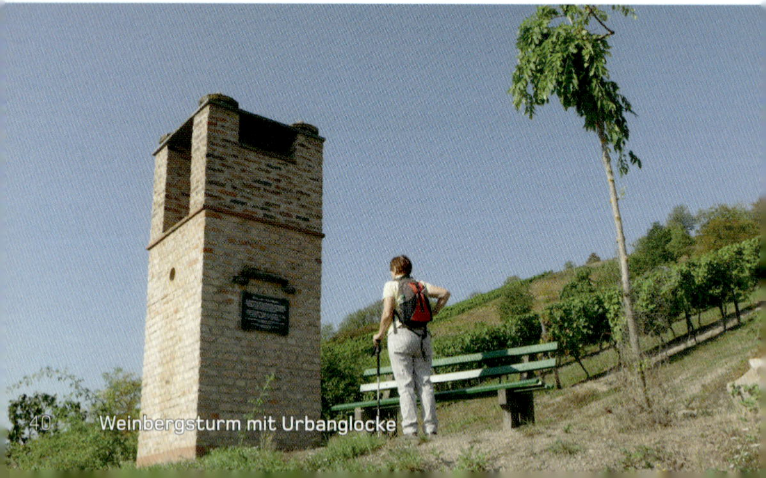

Weinbergsturm mit Urbanglocke

Nach kurzem Zuweg vom Bahnhof Niederheimbach treffen wir am Champtoceaux Platz im Herzen Niederheimbachs wieder auf den Welterbesteig (1), der uns heute bis Bacharach führen wird.

Nur kurz laufen wir neben der Hauptstraße noch bergan, dann folgen wir rechts der Schulstraße zum Ortsrand. Bei erster Gelegenheit nutzen wir einen links abknickenden Asphaltweg, um an den letzten Häusern vorbei zum Friedhof des Ortes zu gelangen.

Dort weisen uns die markanten Logos den Weg mit dem nächsten scharfen Richtungswechsel weiter rechts bergan. Eine Bank lassen wir unbeachtet, während wir auf mittlerweile nur noch befestigtem Grund weiter an Höhe gewinnen.

Brachflächen, aber auch akkurat gepflegte Rebzeilen säumen nun erstmals den Weg und sorgen für ein abwechslungsreiches Rahmenprogramm.

Nach **0.7 km** passieren wir den Weinbergsturm, dessen Urbanglocke gelegentlich ins Geläut der umliegenden Kirchenglocken einstimmt. Auch eine Bank steht hier zur Pause bereit, doch uns zieht es stetig weiter bergan.

Den einmündenden Weg ignorieren wir und streben weiter der Hangkante zu. Hier gesellt sich der Premiumrundweg Schellengang zu uns, und vom idyllischen Rastplatz können wir im Schatten von Bäumen einen grandiosen Ausblick (2) auf die Heimburg, Niederheimbach und das Rheintal genießen. Das faszinierende Spiel der Lichter auf dem Wasser und die emsig pendelnde Fähre begeistern uns, und es fällt schwer, weiterzuwandern.

Aber der Welterbesteig hält heute noch einige Höhepunkte für uns bereit, und so folgen wir neugierig dem bequemen, von Gehölzen gesäumten Weg mit sanftem Gefälle Richtung Rheindiebach. Einen ersten links abzweigenden Weg ignorieren wir, nach **1.3 km** laufen wir an einer Gabelung links auf grasigem Grund weiter. Immer wieder erhaschen wir tolle Blicke zum Rhein und auf Lorch, dessen markanter Kirchturm vom anderen Ufer grüßt. Auch die trutzige Ruine Nollig, die von hoher Warte aus über Lorch wacht, rückt ins Blickfeld. An einer deutlichen Linkskurve eröffnet sich vor uns sogar ein weiter Rheinblick, an dem wir erstmals unser heutiges Tagesziel Bacharach anvisieren können.

Doch zunächst führt unsere Route durch den Einschnitt des Kreuzbaches, wo der Zuweg nach Rheindiebach abbiegt. Wir setzen die Tour geradeaus fort, gewinnen leicht an Höhe und schwelgen in weiteren Lorch-Blicken. Nach **2 km** überschreiten wir an einer Bank und einem Fremdwegweiser eine Kuppe.

Der Schellengang verlässt uns nach links, während wir geradeaus weiterwandern. Uriges Gehölz umfängt unseren Weg und sorgt für eine herrlich beschwingte Atmosphäre, sodass wir den sanften Anstieg zur nächsten Wegkurve kaum bemerken. Schon sehen wir eine rote Holzbank auftauchen, doch als wir dort eintreffen, schlägt uns die Aussicht sofort in den Bann: Nicht nur, dass wir quasi Aug in Aug mit der trutzig-romantischen Ruine Fürstenberg **(3)** sind, auch Vater Rhein windet sich uns zu Füßen majestätisch durch das enge Mittelrheintal. Was für eine grandiose Kulturlandschaft dürfen wir hier gerade erleben ...

Hingerissen von diesen Eindrücken folgen wir dem Weg nun stetig abwärts, bis wir nach **2.9 km** den Rastplatz an der Rheingoldstraße am Ortseingang von Oberdiebach erreichen. Doch noch queren wir die Straße nicht, sondern schwingen uns links auf befestigtem Weg erneut bergan.

Erst als wir gut 450 m später an einem Wegweiser auf den Zuweg zum Schellengang stoßen, knickt der Welterbesteig scharf rechts auf einen steilen Pflasterweg hinunter in den Ort ab. Nach Querung des Baches passieren wir nach

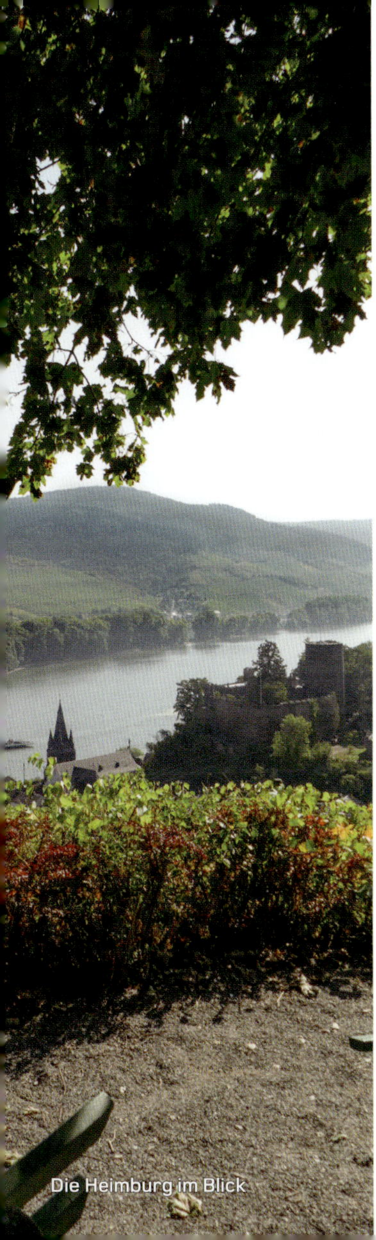
Die Heimburg im Blick

3.4 km das Bürgerhaus und den Parkplatz und biegen links auf die Rheingoldstraße ab.

Nur 30 m später dürfen wir aber rechts auf die Fürstenbergstraße wechseln und den Ortskern hinter uns lassen. An der ersten Möglichkeit biegen wir links ab und nutzen wenig später den ersten rechts abzweigenden Feldweg, um endgültig von der Bebauung in die Weinberge zu wechseln.

Begleitet von uralten, kunstvoll geschichteten Mauern, erobern wir das Rebenmeer und gewinnen dabei stetig an Höhe. An einer markanten Kreuzung mit Bank und Wegweiser verlassen wir den bisher parallel verlaufenden Rheinburgenweg und laufen geradeaus. Auf teils recht holprigem Feldweg streben wir der Hangkante entgegen, denn dort lockt die Ruine Fürstenberg, die wir ja zuvor bereits von der anderen Talseite bewundern durften.

Lange dauert es nicht mehr, dann stehen wir knapp oberhalb des alten Gemäuers (4) und spüren einen Hauch von Mittelalterflair. Was haben diese Mauern wohl schon alles erlebt?

Noch während uns diese Frage beschäftigt, führt uns der Welterbesteig mit einer weiteren Linkskurve an den Rand einer Felsklippe. Unser Weg passiert die Felsen und bringt uns zu einem Weinberg. Nun wird es herausfordernd, denn es gilt eine zwar nur 50 m lange, aber knackige Steigung auf schmalem Erdpfad in der Falllinie zu erobern. Glücklich oben angelangt, bringt uns ein Feldweg links zum nahen asphaltierten Wirtschaftsweg, den der Rheinburgenweg zum Aufstieg genutzt hat.

Wir biegen scharf rechts ab und meistern (nun wieder mit dem Rheinburgenweg) die letzten Meter hinauf zu einem tollen Rastplatz an der Hangkante, dessen Ausblick uns nach 5.1 km für die Mühen rundum entschädigt.

Erholt setzen wir die Wanderung fort, folgen dazu dem Asphaltweg noch ein we-

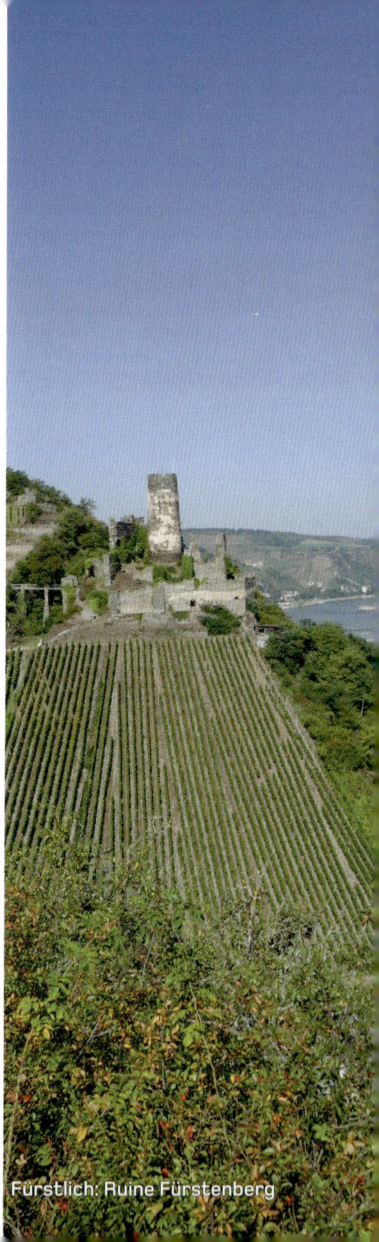
Fürstlich: Ruine Fürstenberg

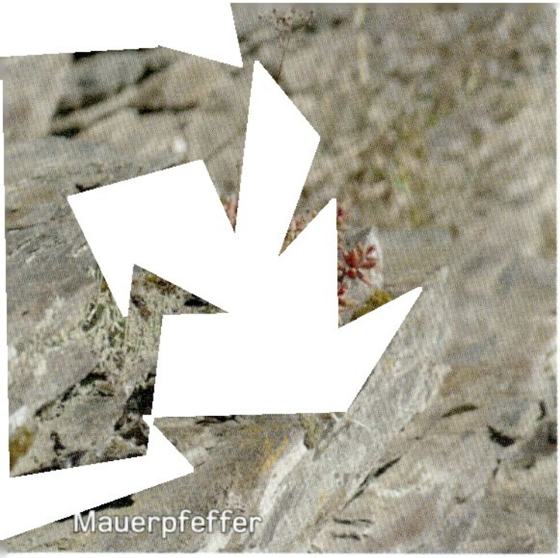

Mauerpfeffer

nig bergan, bis wir am Rand der Felder rechts auf einen Feldweg wechseln dürfen. Dieser führt uns kurzweilig an Hecken entlang, bis wir links mitten in offene Flur schwenken und auf eine Kuppe laufen.

Dort biegen wir an einem Wegweiser rechts ab und nähern uns wieder dem Feldrand an. Schließlich dürfen wir sogar durch einen urigen Gehölztunnel laufen, der uns bald wieder auf einen Grasweg entlässt. Vorbei an einer Bank geht es bis zur nahen K 24.

Hier laufen wir 40 m auf der Straße nach rechts, um dann an einem Wegweiser rechts in das Wäldchen neben dem tief eingeschnittenen Winzbach einzutauchen. Der Bach ist meist trocken, doch die Atmosphäre des Tals ist wild und urwüchsig.

Am Ende dieser Gefällstrecke stoßen wir auf einen Asphaltweg, dem wir links bergan an den Rand von Medenscheid folgen. Dort halten wir uns an einem Wegweiser halb rechts und wandern mit der Weingartenstraße am Rand der Häuser wieder Richtung Hangkante.

Bald führt unser Weg durch die Felder und bringt uns zu einem Gehölz am Plateaurand. Nach **7.4 km** haben wir die Schutzhütte am Ellert-Kopf (5) erreicht, die Rastgelegenheit und einen schönen Rheinblick bietet. Ein Summstein verspricht zudem eine besondere Wahrnehmung.

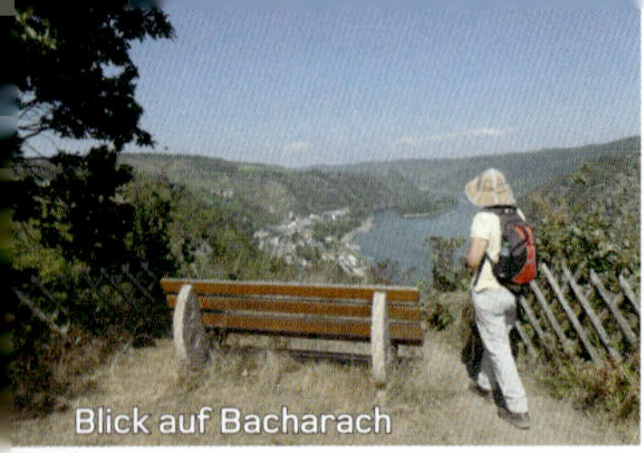
Blick auf Bacharach

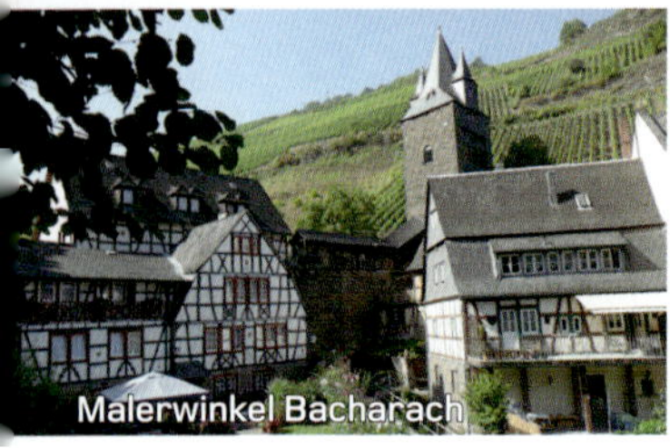
Malerwinkel Bacharach

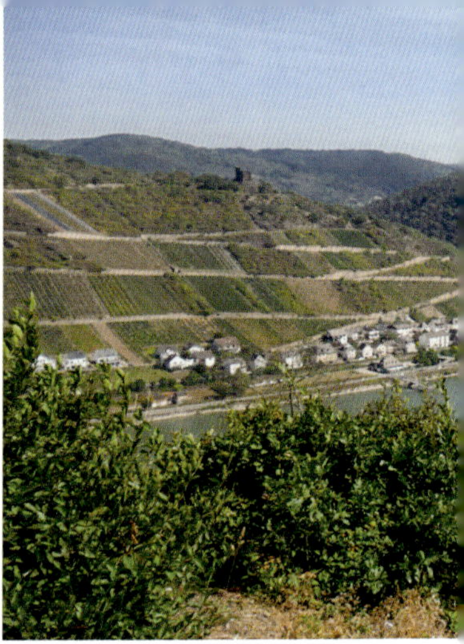

Mit frischen Kräften laufen wir weiter, erreichen erneut Medenscheid und steigen mit dem Schlittenweg bis zum Friedhof an. Dort biegen wir rechts ab und kommen kurz darauf zur schön gestalteten Kreuzung mit der K 24.

Wir queren die Straße und setzen die Wanderung geradeaus auf bald grasigem Feldweg fort.

Wer zuvor eine regionaltypische Erfrischung braucht, kann dem nahen Rastplatz nebst „Weinautomaten" am Willi-Borniger-Platz einen Besuch abstatten und sich dort mit leckerem Rebensaft stärken....

Beflügelt erobern wir den sanften Anstieg entlang üppiger Hecken und Gehölze. Nach einem Rechtsschwenk treten wir in den Wald ein und freuen uns über dessen Kühle und Schatten.

Nach Umrundung eines kleinen Tales steigt der Weg wieder etwas an, und kleine Felsen bereichern das Wegumfeld. Bald weicht der Wald zurück und Wiesen, Streuobstareale und Hecken sorgen für Kurz-

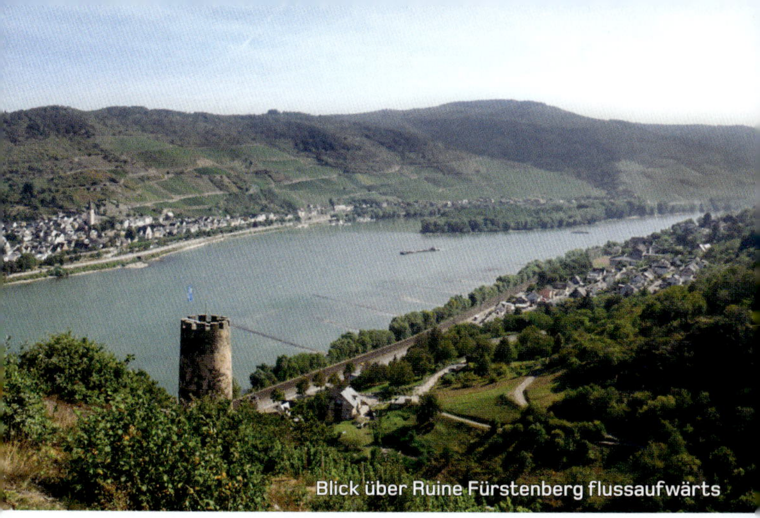

Blick über Ruine Fürstenberg flussaufwärts

weil. Wir passieren eine Bank und queren am Ortsrand von Neurath nach **9.4 km** erneut die K 24.

Doch wir halten uns außerhalb der Bebauung und folgen einem befestigten Wirtschaftsweg mit einigen Kurven durch Wiesen abwärts. Dabei dürfen wir an einer Bank am Rand der Weinberge den scharfen Knick nach links nicht verpassen.

Nun halten wir wieder Kurs auf die Hangkante und sehen voraus bereits das Rheintal und Lorchhausen. Auch eine blaue Fahne, die auf die BUGA im Oberen Mittelrheintal aufmerksam macht, flattert weithin sichtbar. Es dauert nicht lange, und wir haben die Fahne und den dortigen idyllischen Rastplatz erreicht, der mit einem tollen Ausblick auf Lorchhausen **(6)** aufwartet.

Nach kurzer Pause folgen wir dem Welterbesteig auf weichem Gras zur nahen Villa Sonnenhöhe. Hier schickt uns ein Wegweiser scharf rechts auf einen steil abwärts führenden Pfad. Begleitet vom phänomenalen Ausblick, beginnen wir den Endspurt zum Ziel.

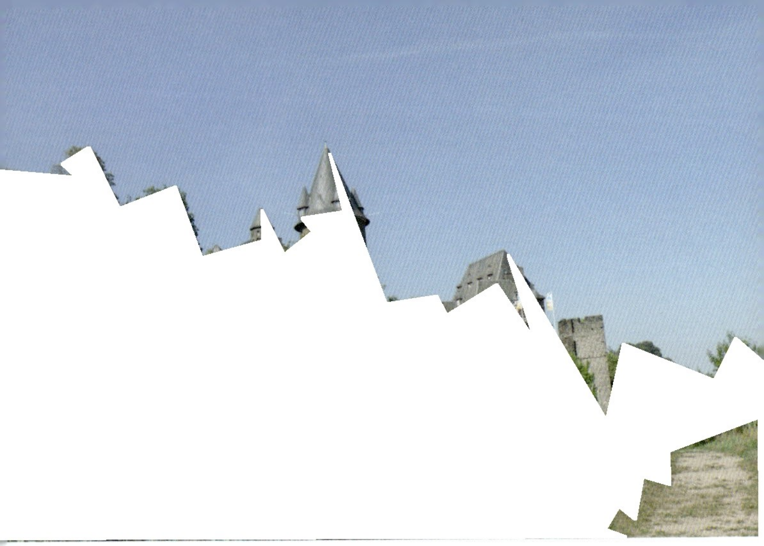

Urig führt uns der Pfad durch eine Offenfläche hinein in den Wald und weiter bis zu einem breiten Querweg. Dem vertrauen wir uns nach links an, biegen aber schon nach wenigen Metern wieder rechts ab. Wir verlieren etwas Höhe und passieren eine Art Wendeplatz am Waldrand.

Wir laufen geradeaus weiter und sind begeistert, als sich unser Weg zum schmalen Pfad mausert, der durch dichte Vegetation entlang uralter Mauern verläuft. Kurz weitet sich der Pfad an einem Haus und einer Wegkreuzung, an der wir halb rechts weiterlaufen.

Noch einmal rückt die Vegetation eng an den Weg, dann kündigt ein Wildgatter den nächsten Szenenwechsel an. Kaum haben wir es passiert, liegt eine völlig andere Welt vor uns: Mächtig erhebt sich aus dem Rebenmeer Burg Stahleck mit dem markanten Rundturm, während sich rechts von uns der Blick hinab nach Bacharach und zum Rhein öffnet. Beeindruckt folgen wir dem bequemen

Weg, lassen den Abzweig zum Bahnhof via Stadtmauerpfad unbeachtet und streben weiter zum beeindruckenden Burggemäuer.

Nach **11.1 km** stehen wir dann auch schon am unbedingt lohnenden Abzweig zur Burg Stahleck **(7)**, die heute als Jugendherberge genutzt wird und auch Einkehrmöglichkeit für Wanderer bietet.

Nach diesem Abstecher setzen wir den Abstieg nach Bacharach fort und folgen dem teils mit Stufen versehenen Fußweg bergab. Mit etlichen Kurven schlängelt sich der Weg talwärts und bietet dabei immer wieder tolle Ausblicke. Kurz vor der Wernerkapelle dürfen wir den Abzweig nach links nicht übersehen, denn wir wollen unsere heutige Etappe am Malerwinkel beenden.

Also folgen wir den Logos nach links und überwinden die letzten Kurven, bis wir nach **11.5** Tageskilometern am pittoresken Malerwinkel **(8)** in Bacharach den Welterbesteig für heute verlassen.

Wir wenden uns nach rechts und folgen dem Weg in die Altstadt von Bacharach.

**ZUWEG:** *Wer zum Bahnhof möchte, biegt an der Oberstraße rechts ab und schlendert nun durch die idyllische Altstadt zum Bahnhof, den man nach insgesamt* **700 m** *Zuweg erreicht.*

## FAZIT

Die Tour verlangt normale Kondition und Trittsicherheit. Die Steigungen und Gefällstrecken sind in der Regel moderat, festes Schuhwerk ist jedoch aufgrund einiger, bei nasser Witterung teils rutschiger Abschnitte wichtig, Stöcke sind hilfreich.

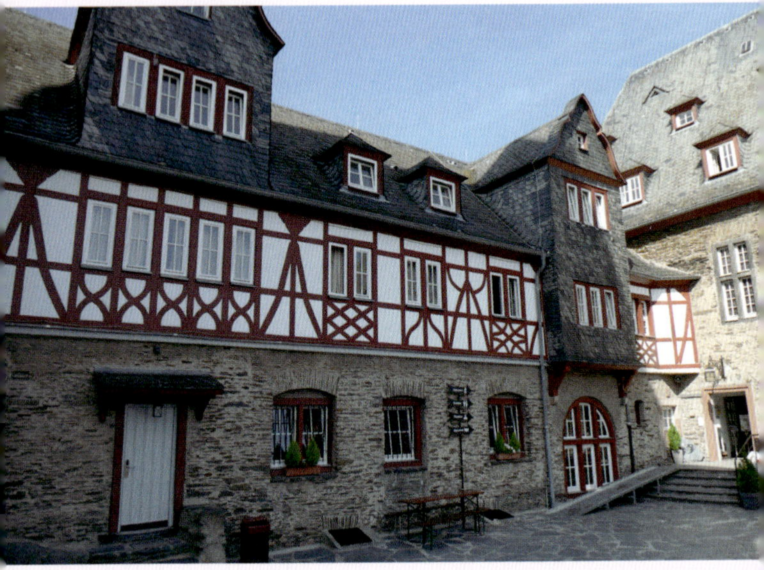

## Ferien auf der Burg

*Beflügelt von der Rheinromantik, schenkte Kronprinz Friedrich Wilhelm von Preußen um 1825 seiner Gattin die Ruine der Burg Stahleck zur Restaurierung. Doch die Anlage enttäuschte die Prinzessin beim gemeinsamen Besuch so kläglich, dass sie die Aufbaupläne stoppte. So musste die bereits im 12. Jahrhundert angelegte Burg ein weiteres Jahrhundert ausharren, bis 1925 ihr Wiederaufbau zur heutigen Jugendherberge begann. Burg Stahleck war vom Kölner Erzbischof zum Schutz seiner Bacharacher Besitztümer errichtet worden. Die hohen Zolleinnahmen machten sie zu einem sehr attraktiven Lehen. 1689 wurde die Burg im Zuge des Pfälzischen Erbfolgekriegs zerstört. Das hatte für die wenig unterhalb gelegene gotische Werner Kapelle Folgen: Die Trümmer der Burg trafen die filigrane Kirche und zerstörten große Teile des Sakralbaus. Burg Stahleck gilt als die typische Stauferburg. Der Burghof der heutigen Jugendherberge ist frei zugänglich.*

Rhein-Nahe Touristik e.V., Oberstraße 10, 55422 Bacharach, 06743/919303, www.rhein-nahe-touristik.de

Gaststätte Posthof, Oberstr. 45, 55422 Bacharach 06743/2687, www.posthof-bacharach.de
- Hotel & Gasthaus Zum Fürstenberg, Mainzer Str. 19, 55413 Rheindiebach, 06743/9474070 oder 0176/70919939, www.gasthaus-zum-fuerstenberg.de
- Altes Haus, Oberstr. 61, 55422 Bacharach, 06743/1209

Hotel zur Post, Oberstraße 38, 55422 Bacharach, 06743/1277, www.hotel-zur-post-bacharach.de
- Altkölnischer Hof, Blücherstr. 2, 55422 Bacharach, 06743/947780, www.altkoelnischer-hof.de
- Jugendherberge Burg Stahleck, Burg Weg 1, 55422 Bacharach, 06743/1266, www.diejugendherbergen.de

Camping Sonnenstrand, Strandbadweg 9, 55422 Bacharach, 06743/1752, www.camping-rhein.de
- Bacharach - Wohnmobilstellplatz an der B 9, Zwischen B 9 und Rhein, 55422 Bacharach, 06743/1752, www.camping-rhein.de

Sowohl Niederheimbach als auch Bacharach haben einen Bahnhof und sind im Stundentakt über den regionalen Zugverkehr (Mittelrheinbahn) erreichbar. www.mittelrheinbahn.de

Taxi Rheintal Reisen, 06743/1653, www.rheintal-reisen.de

Der Aufstieg oberhalb der Ruine Fürstenberg ist zwar kurz, aber sehr steil und bei Nässe auch rutschig. Hier sind erhöhte Aufmerksamkeit und Trittsicherheit notwendig.

Hunde können diese Etappe des Welterbesteigs problemlos bewältigen. Unterwegs gibt es keinen Zugang zu Wasser.

# 04 Bacharach - Oberwesel

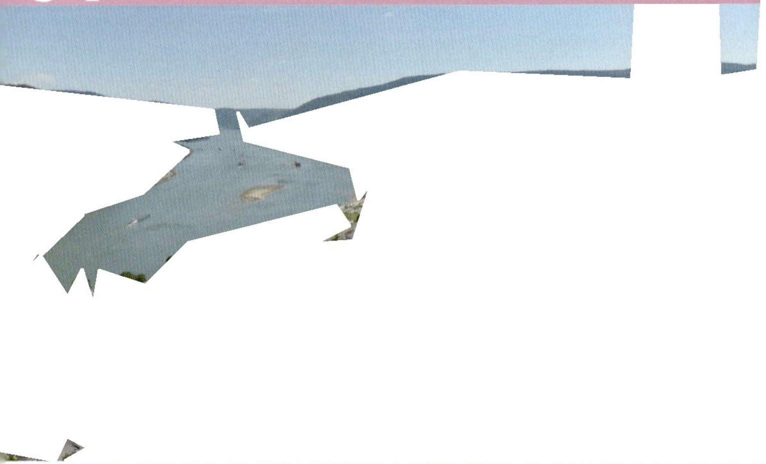

| km | Zeit | ↑ | ↓ | ▲ | ♀ | ♂ | Download |
|---|---|---|---|---|---|---|---|
| 13,2 (+0,9) | 4h 30min | 366 | 375 | 238 | 958 | 1125 | WESX4X7 |

**Start:** Bacharach, Malerwinkel
**Ziel:** Oberwesel, Abzweig Bf.

**Anfahrt:** Bacharach und Oberwesel erreicht man am besten durchs Rheintal auf der B 9

**Parken:** Bacharach entlang Mainzer Straße
N50° 03' 18.5" • E7° 46' 11.4"
Parkplatz am Pfalzblick
N50° 05' 33.4"
E7° 44' 38.1"
Oberwesel, K 90
N50° 05' 50.9"
E7° 44' 13.2"
Oberwesel, Mainzer Straße
N50° 06' 10.1" • E7° 43' 59.6"

scan to go®

**Wegpunkte:**
**P1** Bacharach, Malerwinkel
32 U 411632 5545976
**P2** Blücherblick
32 U 411541 5548120
**P3** Abzweig Fähre Kaub
32 U 411272 5548486
**P4** Sauzahn-Hütte
32 U 410941 5548895
**P5** Pfalzblick-Hütte
32 U 410219 5549647
**P6** Schönburg
32 U 409347 5550605
**P7** Oberwesel, Abzweig Bahnhof
32 U 409164 5551102

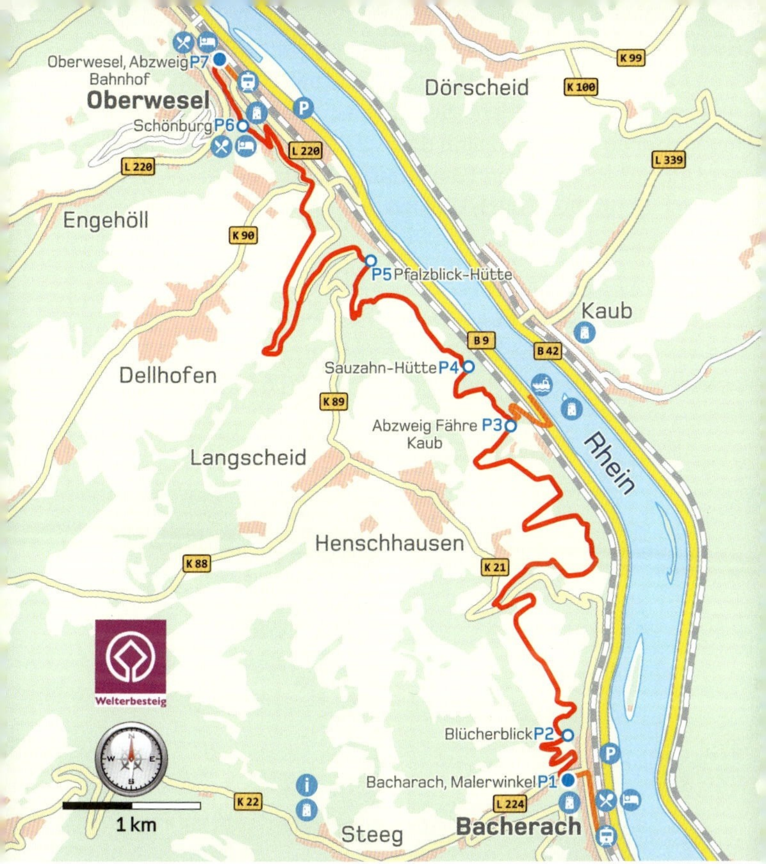
Oberwesel, Abzweig P7
Bahnhof
Oberwesel
Schönburg P6
Dörscheid
K 99
K 100
L 220
L 220
L 339
Engehöll
K 90
P5 Pfalzblick-Hütte
Kaub
B 9
B 42
Dellhofen
Sauzahn-Hütte P4
K 89
Abzweig Fähre P3
Kaub
Rhein
Langscheid
Henschhausen
K 88
K 21
Welterbesteig
Blücherblick P2
Bacharach, Malerwinkel P1
K 22
L 224
1 km
Steeg
Bacharach

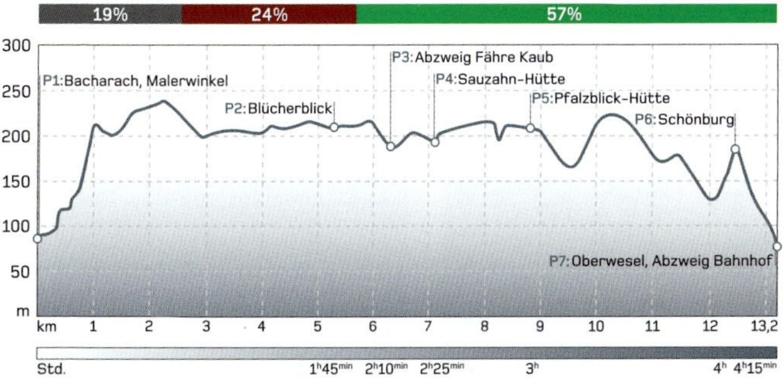
19%
24%
57%
300
250
200
150
100
50
m
P1: Bacharach, Malerwinkel
P2: Blücherblick
P3: Abzweig Fähre Kaub
P4: Sauzahn-Hütte
P5: Pfalzblick-Hütte
P6: Schönburg
P7: Oberwesel, Abzweig Bahnhof
km 1 2 3 4 5 6 7 8 9 10 11 12 13,2
Std.
1h45min 2h10min 2h25min 3h 4h 4h15min

**Heute führt uns der Welterbesteig auf weiten Passagen entlang der Hangkante des Rheintals zu spektakulären Blicken. Aber auch verwunschene Seitentäler sorgen für Hochstimmung. Herausfordernd sind der Aufstieg auf dem Stadtmauerpfad in Bacharach und der Abstieg über den Elfenlay-Pfad von der Schönburg nach Oberwesel.**

**ZUWEG:** *Wer vom Bahnhof Bacherach kommt, folgt der Oberstraße durch die idyllische Altstadt und biegt dann links in die Blücherstraße und wenig später links auf den Fußweg neben dem Bach ab. Nach insgesamt 700 m Zuweg hat man den Malerwinkel und damit den Welterbesteig erreicht.*

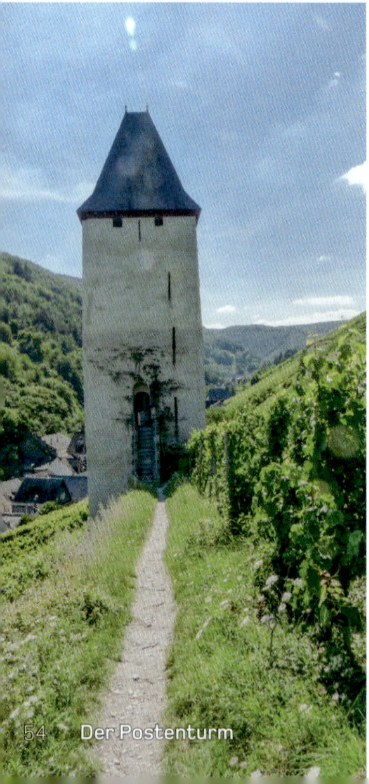

Der Postenturm

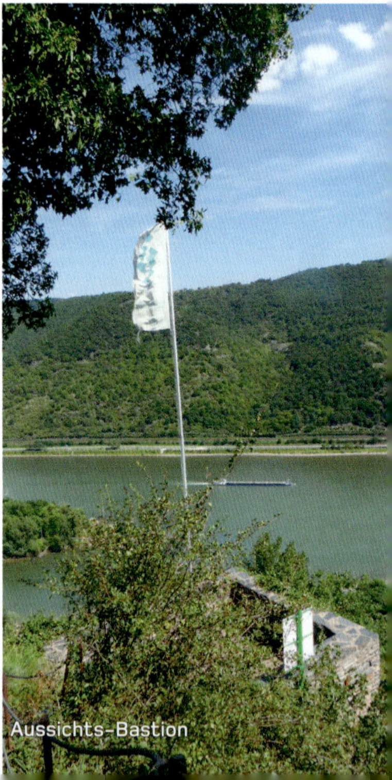

Aussichts-Bastion

Im idyllischen Malerwinkel (1) nehmen wir die Spur des Welterbesteigs wieder auf. Wir folgen dem Fußweg neben dem Bach zum nahen Hotel, wo wir durch einen Bogen den Parkplatz erreichen.

Hier wenden wir uns nach rechts und laufen hinauf zur nahen Blücherstraße, der wir einige Meter rechts folgen. Noch bevor wir das imposante Steeger Tor erreichen, biegen wir links auf einen schmalen Fußweg ab, der uns hinter den Häusern in die ersten Weinberge des Tages führt.

Sanft steigen wir bergan und lassen die letzten Häuser hinter uns. Vor uns ragt der Postenturm auf, der Teil der Stadtmauer Bacharachs ist. Von hier aus können wir aus erhobener Position auf Bacharach zurückblicken, und auch die Wernerkapelle rückt in den Fokus.

Doch dann fordert der Welterbesteig unsere volle Aufmerksamkeit und unsere Kondition, denn auf dem schmalem Stadtmauerpfad geht es nun sehr steil den Hang hinauf. Begleitet von der Schiefermauer der Stadtbefestigung, erklimmen wir, teils über Stufen, Schritt für Schritt den Berg und sind froh, als Durchbrüche in der Mauer tolle Rheinblicke – und Gelegenheit zum Verschnaufen bieten.

Auf fast ebenem Weinbergsweg laufen wir weiter und kommen dabei schnell wieder zu Atem. Das ist auch gut so, denn noch sind wir etliche Höhenmeter von der Hangkante entfernt.

Mit einem Schwenk nach rechts auf den nächsten Pfad ist klar: Der Anstieg geht weiter und damit auch die Herausforderung an unsere Muskeln. Sogleich geht es stramm bergan, bevor noch einmal eine kurze Erholungsphase folgt.

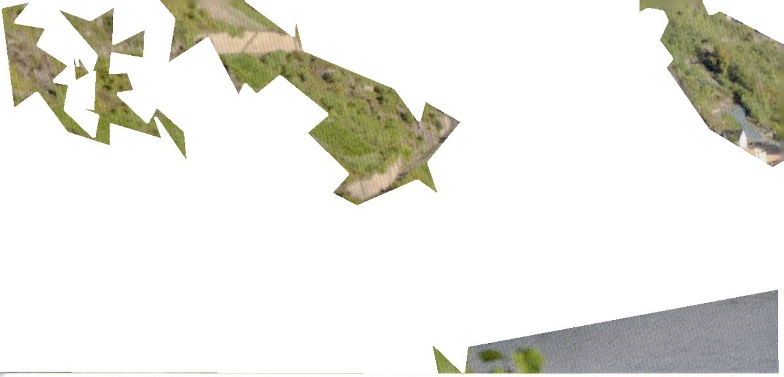

Doch dann gilt es den steilen Hang in engen Kurven, teils mit Stufen, zu meistern. Immerhin werden wir von der mit jedem Schritt besser werdenden Aussicht belohnt, was die Anstrengung vergessen lässt. Dann ist es geschafft, nach **1 km** stehen wir am Ende des Orion Steigs und dürfen rechts auf einen Asphaltweg abbiegen. Nur 30 m später verlassen wir diesen aber bereits wieder und folgen einem weichen Grasweg zur nahen Hangkante.

Etwas unterhalb erwartet uns eine gemauerte Bastion, deren flatternde blaue Fahne wir bereits unten vom Tal aus erspäht hatten. Schlagartig sind die Strapazen des Aufstiegs vergessen, denn die sagenhaft schöne Aussicht überwältigt uns. Der Blick auf Vater Rhein, die pittoreske Stadtkulisse mit Wernerkaplle und Kirchturm und die über allem thronende Burg Stahleck, das ist für uns der Inbegriff des Welterbes Oberes Mittelrheintal.

Es fällt uns sehr schwer, diesen mystischen Platz zu verlassen, und doch zieht es uns weiter, begierig noch mehr dieser erhebenden Momente erleben zu dürfen. So folgen wir den Logos mit einigen Schlenkern zwischen Hangwald und Weinbergen, ohne dabei große Höhenunterschiede zu überwinden. Schließlich queren wir, nach kleinem Anstieg, einen Asphaltweg und laufen zwischen

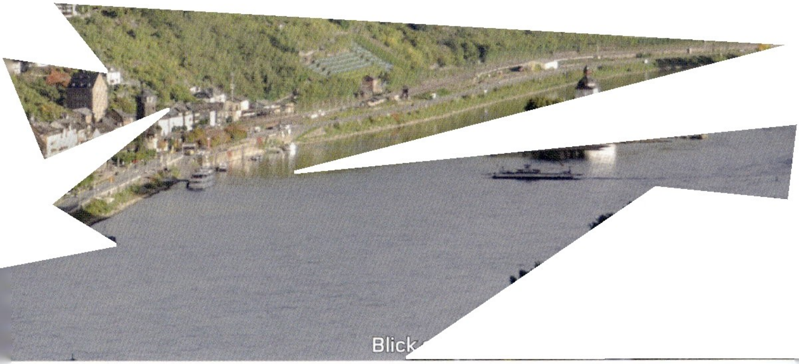


den Reben weiter zu einem nahen Wegweiser. Hier verabschiedet sich nach **1.8 km** die Stahlbergschleife nach links, während wir geradeaus über eine brachliegende Wiese wandern.

Aus unserer nun etwas erhöhten Position können wir den Blick zurück nach Bacharach, aber auch hinüber zum anderen Rheinufer schweifen lassen. Wir freuen uns über die luftige Weite dieser Passage und kommen auf dem federnden Wiesenweg bestens voran, wobei wir abzweigende Wege nicht beachten.

Im Bogen nähern wir uns einem Wäldchen und stoßen an dessen Rand erneut auf den Asphaltweg. Wir wenden uns nach links und laufen durch das Wäldchen hinab ins Leimbachtal und zur Rheingoldstraße, die wir an einem Wegweiser vorsichtig queren. Auf der anderen Seite der K 21 biegen wir erst links, bei erster Gelegenheit aber wieder rechts auf einen Wirtschaftsweg ab.

Nach gemächlichem Anstieg finden wir uns auf dem Rheinplateau wieder und laufen Richtung Hangkante. Als ein Weg links abzweigt, biegen wir halb rechts ab und freuen uns, dass wir nun Gras unter den Sohlen haben.

Nach **4 km** treffen wir ganz vorne an der Hangkante an einer Weggabelung ein: Von rechts unten trifft ein Asphaltweg zu uns, wir setzen die Tour aber links auf Naturgrund fort. Der Welterbesteig wird hier zum Grenzgänger zwischen üppigen Hecken an der Hangkante und weiten, offenen Feldern Richtung Hunsrück.

Wir genießen die fast ebene Passage und lassen an einem Wegweiser den abzweigenden Asphaltweg unbeachtet. Weiterhin erfreuen wir uns an der Vielfalt der begleitenden Hecken, die im Frühjahr mit einer wahren Blütenpracht aufwarten und dann von zahlreichen Insekten bevölkert sind, was am emsigen Gesumme weithin hörbar ist.

Im Herbst sind es dagegen Heerscharen von wilden Gänsen, die auf den abgeernteten Feldern nach Nahrung suchen und das Rheinplateau zum Rasten nutzen. Auch wir bekommen Gelegenheit zur Rast, denn an der schönen Aussicht „Auf dem Kreuzstein" lädt uns ein Rastplatz zur Pause ein.

Kurz darauf entführt uns der Welterbesteig dann doch etwas ins Hinterland und die Felder, knickt dort aber zweimal scharf rechts ab und bringt uns rasch wieder zurück zu den Hanghecken.

Hier erwartet uns nach 5.3 km der nächste Höhepunkt: Am Blücherblick (2) können wir zur gemütlichen Rast zwischen Schutzhütte oder luftigem Rastplatz wählen, vor allem aber die berühmte Burg Pfalzgrafenstein (auch einfach „die Pfalz" genannt) erstmals von Nahem in Augenschein nehmen. Die ehemalige Zollburg liegt mitten im Rhein, ihre Form

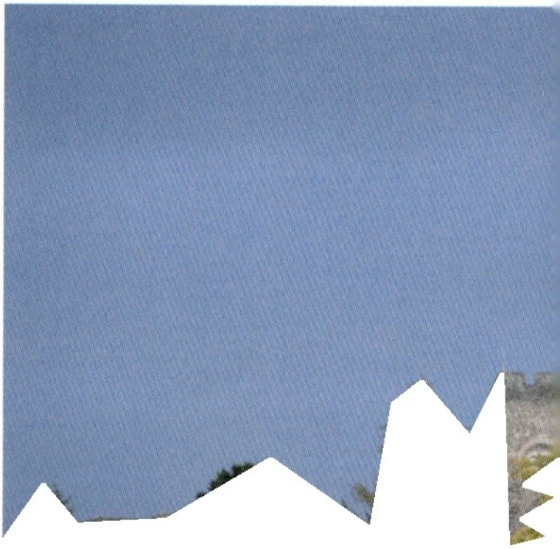

erinnert an ein Schiff in der Strömung, was bei Hochwasser auch durchaus vorkommt.

Erholt und begeistert von der tollen Aussicht, folgen wir von der Hütte dem asphaltierten Wirtschaftsweg in die offene Flur. Bei erster Gelegenheit biegen wir rechts ab und nähern uns wieder der Hangkante an, der wir dann nach links folgen. Wir umrunden einen Taleinschnitt und bekommen einen neuen Begleiter: Das Traumschleifchen Pfalzblick gesellt sich für die nächsten zwei Kilometer zu uns. Nach **6.3 km** treffen wir wieder ganz vorne an der Hangkante ein, wo ein weiterer Rastplatz sowie eine urbequeme, geschwungene Sinnesbank die nächste Verlockung zur Rast bieten.

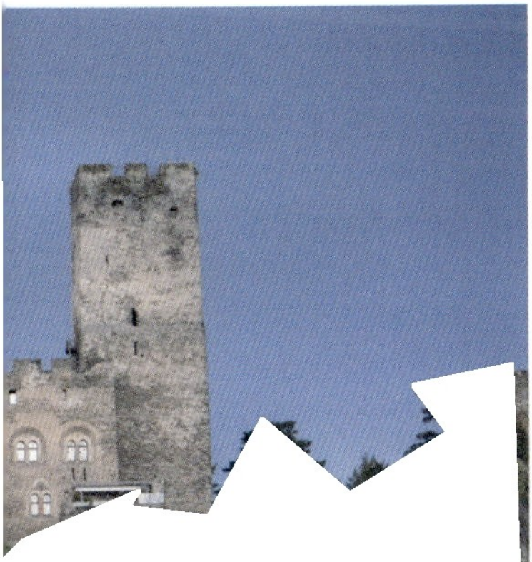

Wir bleiben dem linken Rheinufer und dem Welterbesteig treu und wandern weiter entlang der Hecken. Die Passage gestaltet sich recht kurzweilig, denn immer wieder erhaschen wir einen Blick zum Fluss. Dann dürfen wir ins Gehölz eintauchen und stehen an der nächsten Schutzhütte nebst Rastplätzen.

Und natürlich bietet sich auch hier an der Sauzahnhütte (4) eine atemberaubend schöne Aussicht. Kaub mit der Burg Gutenfels und Pfalzgrafenstein liegen uns zu Füßen, und wir genießen dieses Welterbe-Idyll in vollen Zügen.

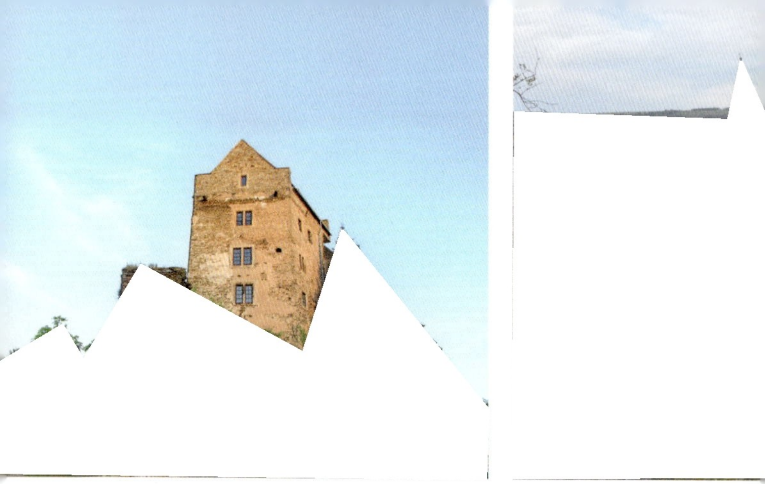

Noch ganz beglückt vom Ausblick, erfreuen wir uns auf der folgenden Wegpassage einmal mehr an der Vielfalt der Natur. Statt der Felder breiten sich links bald saftige Wiesen aus, und allmählich mausern sich rechts die Hecken zum Wald.

Nach **8.1 km** treten wir komplett in den Wald ein und dürfen gleich darauf den scharfen Knick nach rechts auf einen Waldpfad nicht übersehen.

Während das Traumschleifchen weiter auf dem breiten Weg geradeaus verläuft, schlängelt sich der Welterbesteig nun mit einigen Schlenkern ins wildromantische Tal des Elligbaches. Dort angelangt, wandern wir links talaufwärts und wechseln dabei mehrfach über den Bach.

Die große Welt des Rheintals scheint in unendlicher Ferne zu liegen, während wir durch den urwüchsigen Wald streifen, vorbei an entwurzelten Bäumen und Felsen. Viel zu schnell schicken uns die Logos auf steilem Pfad rechts den Hang empor zu einem querenden Waldweg.

Dieser führt uns links zum nächsten Wegweiser, an dem

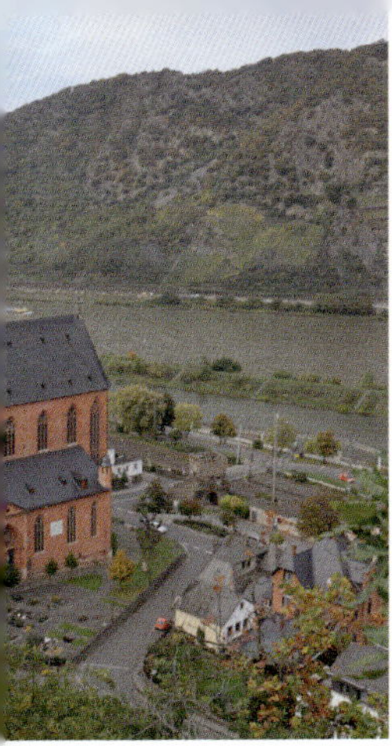

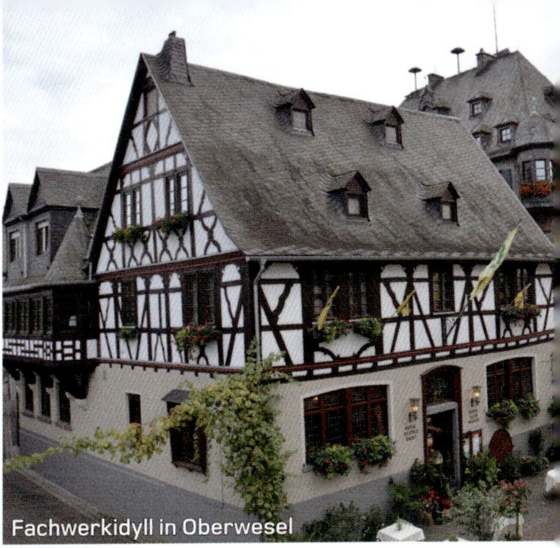

Fachwerkidyll in Oberwesel

wir wieder auf den breiten Wirtschaftsweg stoßen und rechts die Tour fortsetzen. Allmählich öffnet sich die Waldkulisse, letzte Waldreben wippen im Wind, dann empfängt uns wieder die kultivierte Weinlandschaft des Rheintals. Gekrönt wird dieser Wechsel, als wir wieder an der Hangkante eintreffen, wo die Pfalzblick-Hütte **(5)** nach **8.9 km** ihrem Namen alle Ehre macht und uns mal wieder ein grandioses Plätzchen zur Rast bietet.

Mit frischen Kräften folgen wir danach den Logos zur nahen K 89. Wir queren die Straße und laufen auf dem befestigten Bankett hinunter ins Engebachtal. Dort sind wir erleichtert, dass wir der Straße den Rücken kehren und nach links abbiegen dürfen.

Nach erstem Anstieg schickt uns ein Wegweiser scharf rechts auf einen Wirtschaftsweg, der uns kurzweilig mal durch ein Wäldchen, mal durch Hecken, mal an Weinreben entlang wieder Richtung Rheintal führt. Als wir uns wieder mitten im Rebenmeer befinden, mündet der Welterbesteig auf einen asphaltierten Weinbergsweg.

Nach **11.4 km** erreichen wir an einem kleine Aussichtspavillon, dem Tempelchen, die K 90.

Wir laufen auf dem Gehweg rechts bergab, bis uns die Logos an einer übersichtlichen Stelle über die Straße und zum Einstieg eines Pfades schicken. Nun gilt es als letzte Herausforderung für heute, den Burgberg zu erklimmen.

Der enge Serpentinenpfad führt uns durch den Wald bergan, Efeu-Lianen und Moos sorgen für Urwaldatmosphäre. Dann rücken uralte Mauern an den Wegesrand, und unvermittelt entlässt uns der Welterbesteig vor die Tore der Schönburg **(6)**. Wir bewundern die prächtige und trutzige Burg, die sich nun vor uns erhebt und heute ein Hotel mit Restaurant beherbergt. Wir laufen am Fuß der Burg entlang und nutzen nun den Elfenlay-Pfad, um nach Oberwesel abzusteigen.

Die Aussicht auf den Ort ist großartig, doch aufgepasst, der felsige Pfad verlangt volle Konzentration und sehr gute Trittsicherheit, wir dürfen uns also nicht ablenken lassen und sollten zum Ausschauhalten lieber stehen bleiben.

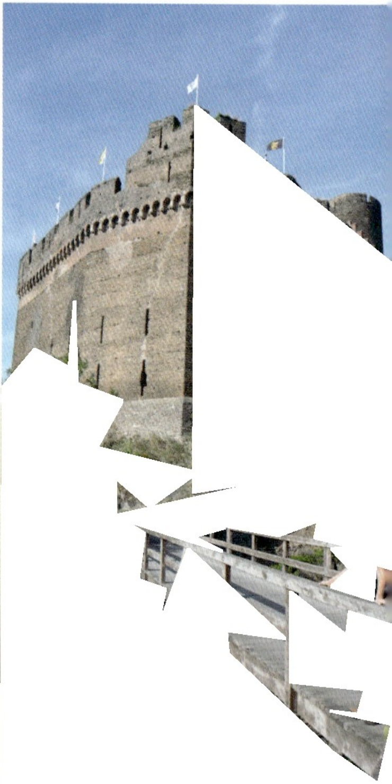

Und dennoch ist es gerade mal wieder diese Mischung aus anspruchsvollem Pfad und grandiosen Blicken, die uns tief beeindruckt und im Wanderglück schwelgen lässt. Was für ein Finale ...

Schließlich erreichen wir an einem Trafohaus das Ende des Elfenlay-Pfades und einen querenden Treppenweg. Wir biegen rechts ab und steigen mit dem Burgweg vollends hinab nach Oberwesel.

Wir queren die Kirchstraße und laufen noch geradeaus bis zum Wegweiser an der Liebfrauenstraße.

Hier endet die heutige Etappe nach **13.2 km** am Abzweig des Zuwegs zum Bahnhof **(7)**.

Wer in Oberwesel übernachten möchte, kann dem Welterbesteig links noch etwa 300 m ins nahe Zentrum folgen.

**ZUWEG:** *Wer zum Bahnhof möchte, biegt am Wegweiser rechts ab, passiert die beeindruckende Liebfrauenkirche und erreicht nach* **200 m** *Zuweg den Bahnhof von Oberwesel.*

## FAZIT

Die Tour verlangt normale Kondition und sehr gute Trittsicherheit. Die Steigungen und Gefällstrecken sind teilweise recht steil, festes Schuhwerk ist daher wichtig, Stöcke sind hilfreich.

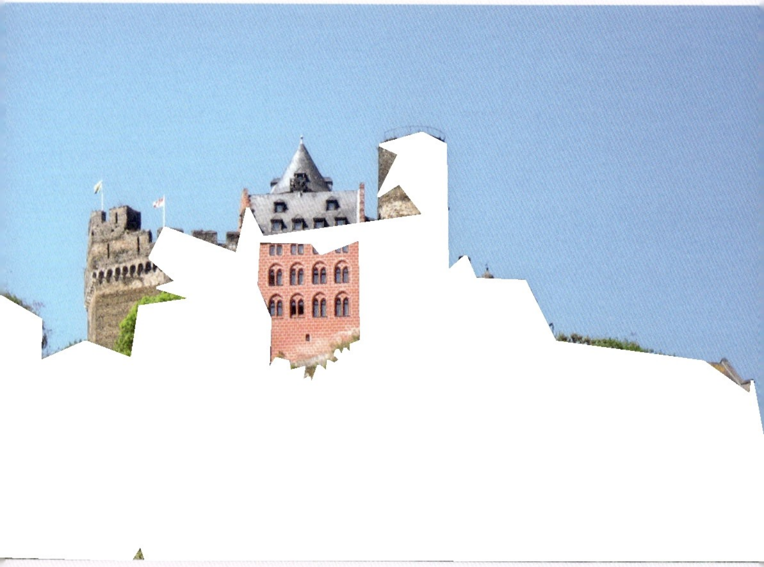

## Sieben Schwestern

*Einst sollen sieben Schwestern auf der Schönburg gewohnt und böses Spiel mit den Freiern gespielt haben. Der Sage nach verweigerten sie sich den Bewerbern, bis diese drohten, niemals wiederzukommen. Die Schwestern wollten nun sieben Bewerber durch Los bestimmen und heiraten. Kaum waren die Gewinner benannt und in die Frauengemächer eingetreten, erkannten sie, dass die Schwestern mit einem Kahn geflohen waren. Ob die Flucht glückte, ist nicht bekannt. Angeblich zeugen heute bei Niedrigwasser sieben Felsen im Rhein von den hochmütigen Schwestern. Ob sich diese Geschichte tatsächlich so zugetragen hat, weiß man nicht. Im 12. Jahrhundert wurde die Schönburg mit ihren zahlreichen Wohn- und Wehrbauten sowie Türmchen als Ganerbenburg erbaut. Nach Besetzungen im 30-jährigen Krieg folgte 1689 die komplette Zerstörung. Ende des 19. Jahrhunderts kam es zum teilweisen Wiederaufbau. Heute beherbergt die Burg ein Hotel. ⓘ www.burghotel-schoenburg.de*

Rhein-Nahe Touristik e.V., Oberstraße 10, 55422 Bacharach, 06743/919303, www.rhein-nahe-touristik.de
- Tourist-Info, Rathausstr. 3, 55430 Oberwesel, 06744/710624, www.oberwesel.de

Gutsschänke Sennerhof, Rieslingstr. 1, 55430 Oberwesel, 06744/215, weingutwpersch.de
- Gasthaus Rheingoldschänke, Damscheider Weg 1, 55430 Oberwesel, 06744/508, www.rheingoldschenke.de

Weinhaus Weiler, Marktplatz 4, 55430 Oberwesel 06744/93050, www.weinhaus-weiler.de
- Hotel Goldener Pfropfenzieher, Am Plan 1, 55430 Oberwesel, 06744/93390, www.goldener-pfropfenzieher.com
- Burghotel „Auf Schönburg", Auf Schönburg, 55430 Oberwesel, 06744/93930, www.hotel-schoenburg.com
- Ferienhof Hardthöhe, 55430 Oberwesel, 06744/7271, www.ferienhof-hardthoehe.de
- Rheintal Jugendherberge Oberwesel, Auf dem Schönberg, 56077 Oberwesel, 06744/93330, www.diejugendherbergen.de

Oberwesel - Wohnmobilstellplatz Rheinanlagen, Rathausstraße 3, 55430 Oberwesel, 06744/710624 www.oberwesel.de
- Campingplatz Schönburgblick Oberwesel, Am Hafendamm, 55430 Oberwesel, 06744/714501, www.camping-oberwesel.de

Bacharach und Oberwesel sind im Stundentakt mit der Mittelrheinbahn erreichbar. www.mittelrheinbahn.de

Taxi Erdmann, 06744/714088
- Taxi Pabst, 06744/711191

Entlang der Stadtmauer Bacharach und auf dem Elfenlay-Pfad ist es extrem steil und bei Nässe rutschig. Aufmerksamkeit und sehr gute Trittsicherheit sind hier notwendig.

Hunde können die Tour problemlos absolvieren. Unterwegs gibt es keinen Zugang zu offenem Wasser.

# 05 Oberwesel - St. Goar

Welterbesteig

| 9,1 (+0,7) | 3h 10min | 318 ↑ 291 ↓ | 258 | 683 802 | WESX5X6 |
|---|---|---|---|---|---|
| km | | | | | |

**Start:** Oberwesel, Abzweig Bf.
**Ziel:** St. Goar, Abzweig Bf.

**Anfahrt:** Oberwesel und St. Goar erreicht man am besten durchs Rheintal auf der B 9.

**Parken:** Oberwesel, Mainzer Str.
N50° 06' 10.1" • E7° 43' 59.6"
Oberwesel an der B 9 (Gebühr)
N50° 06' 30.0" • E7° 43' 38.2"
St. Goar an der B 9 (Gebühr)
N50° 09' 07.1"
E7° 42' 47.4"

scan to go®

**Wegpunkte:**

**P1** Oberwesel, Abzweig Bahnhof
32 U 409164 5551102
**P2** Günderode Haus
32 U 408193 5552285
**P3** Beulsberghütte
32 U 409279 5553658
**P4** Maria Ruh
32 U 408901 5554470
**P5** Aussicht Bankeck
32 U 408617 5555794
**P6** Hütte am Wackenberg
32 U 408202 5555992
**P7** St. Goar Abzweig Bhf.
32 U 408111 5556089

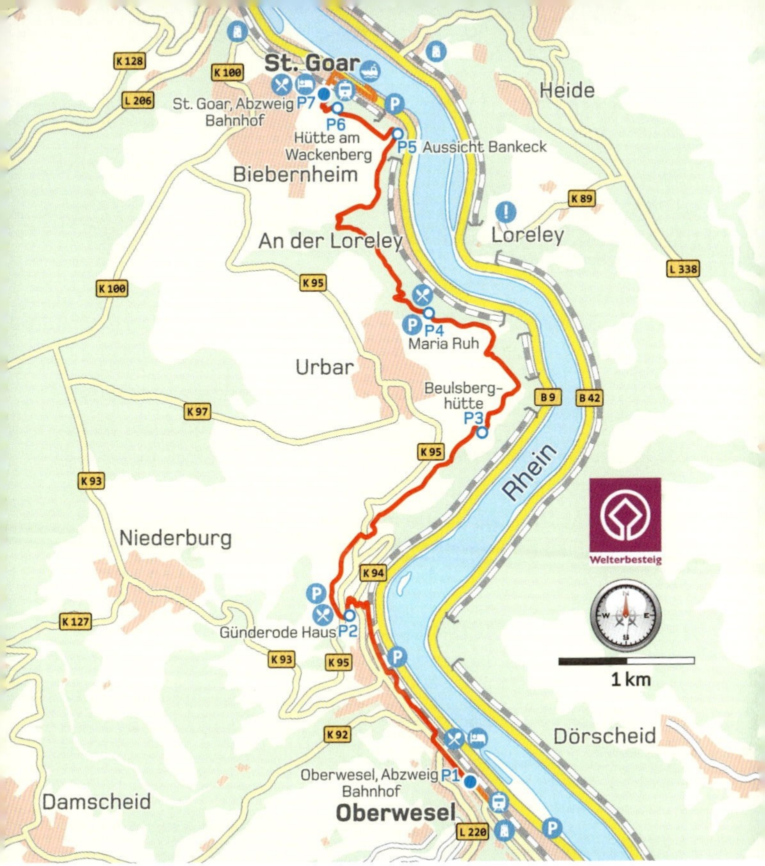
St. Goar
St. Goar, Abzweig Bahnhof P7
P6
Hütte am Wackenberg
P5 Aussicht Bankeck
Heide
Biebernheim
K 128
K 100
L 206
K 89
Loreley
An der Loreley
L 338
K 95
K 100
P4
Maria Ruh
Urbar
K 97
Beulsberg-hütte
P3
B 9
B 42
K 95
Rhein
K 93
Niederburg
Welterbesteig
K 94
K 127
Günderode Haus P2
K 93
K 95
1 km
K 92
Dörscheid
Oberwesel, Abzweig Bahnhof P1
Damscheid
Oberwesel
L 220

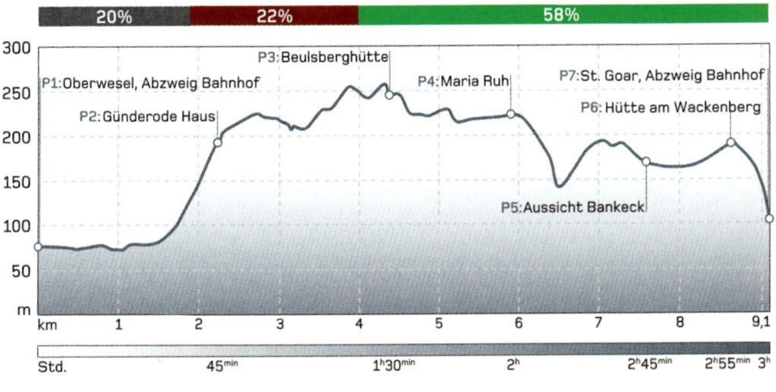
20%
22%
58%
300
250
200
150
100
50
m
P1: Oberwesel, Abzweig Bahnhof
P2: Günderode Haus
P3: Beulsberghütte
P4: Maria Ruh
P5: Aussicht Bankeck
P6: Hütte am Wackenberg
P7: St. Goar, Abzweig Bahnhof
km
1
2
3
4
5
6
7
8
9,1
Std.
45min
1h30min
2h
2h45min
2h55min
3h

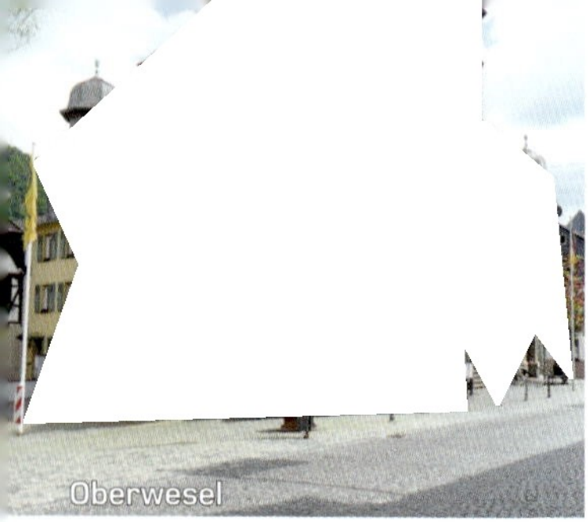

Oberwesel

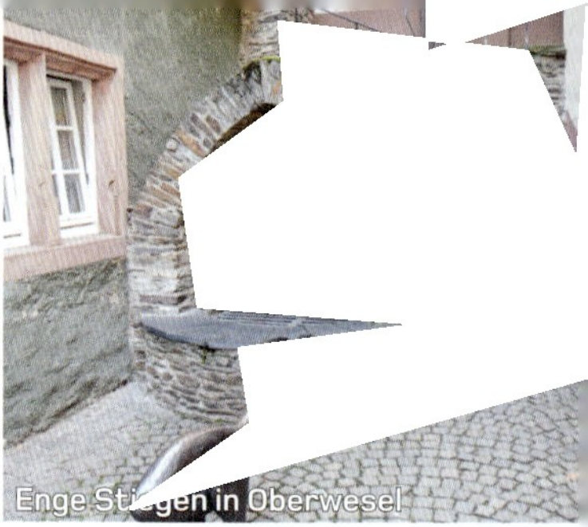

Enge Stiegen in Oberwesel

**Wo gibt es denn so was: eine begehbare Stadtmauer! Genau damit starten wir heute die Premium-Etappe von Oberwesel bis St. Goar. Wieder schwingen wir uns zum Rheinplateau hinauf und begegnen dort gleich einer ganzen Schar von Trollen. In Maria Ruh stehen wir Auge in Auge mit der Loreley, bevor wir bei bester Rheinsicht hinab nach St. Goar wandern.**

**ZUWEG:** *Vom Bahnhof Oberwesel folgt man dem Zuweg entlang der Mainzer Straße zur imposanten Liebfrauenkirche, die unbedingt einen Besuch wert ist. Geradeaus geht es weiter Richtung Zentrum, bis man am Burgweg nach insgesamt* **200 m** *Zuweg wieder auf den Welterbesteig* **(1)** *stößt.*

Heute dürfen wir das Wandern im Welterbetal so richtig genießen, denn mit gut 9 km Tagesstrecke bleibt uns unterwegs genug Zeit zum Schauen und Rasten in herrlicher Umgebung. Zunächst wenden wir uns links der Liebfrauenstraße zu, die uns vorbei an kleinen Geschäften ins Zentrum von Oberwesel und zum Fachwerkensemble rund um die Tourist-Information am Marktplatz führt. Wir biegen rechts ab, queren den Marktplatz und erreichen an der Wernerstraße die Stadtmauer.

Wo geht es weiter? Wir lassen uns nicht beirren und steigen mit der schmalen Treppe der

Stadtmauer auf die Krone, denn der Welterbesteig bringt uns hier in Oberwesel ganz nah ans Mittelalter und verläuft nun einige hundert Meter auf der alten Stadtbefestigung.

Es ist eine sehr ungewohnte, aber umso reizvollere Perspektive, die wir nun erleben dürfen: unser Blick schweift einerseits über die schiefergedeckten Dächer und engen Gassen und andererseits über die Bahntrasse hinweg zum Rhein und dem steilen Hang des rechten Ufers.

Beim Blick zurück sehen wir die Schönburg hoch oben über die Stadt wachen. Unter den Füßen liegt mal Natursteinpflaster, mal blanker Fels, während wir, von Geländern gesichert, der schmalen Mauerkrone nordwärts folgen.

Nach **0.7 km** gelangen wir mit einigen Stufen in den Hospitalturm, einen von 14 Türmen entlang des beeindruckenden Stadtmauerrings. Kaum haben wir den Turm durchschritten, erreicht der Wehrgang die

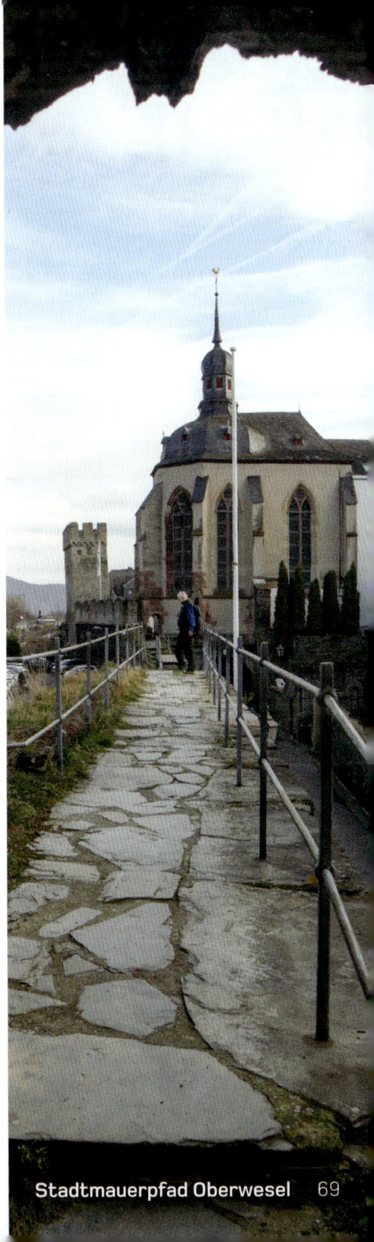

Wernerkapelle, die eigentlich nur der Chor der ehemaligen Hospitalkirche aus dem frühen 14. Jahrhundert ist. Hier laufen wir mit einem schmalen Bogen direkt durch einen der Strebepfeiler des gotischen Chores, der nach der Zerstörung 1689 mit einer barocken Dachhaube wieder aufgebaut wurde.

Mit etwas Auf und Ab folgen wir weiter der Stadtmauer und erreichen kurz darauf den Steingassenturm, wo wir die zur Stadt hin offene Bauweise des Wehrturms studieren können. Diese Bauweise war clever, denn sie verhinderte, dass sich der Feind, falls er den Turm erobern konnte, gegen die Verteidiger in der Stadt verschanzen konnte.

Voller Anerkennung an die Baumeister längst vergangener Tage, passieren wir den Turm und verlassen kurz darauf über eine schmale, steile Stiege die Stadtmauer. Das war ein tolles Erlebnis.

Nach dem Abstieg laufen wir rechts um die Mauerecke, queren die Straße „Am Plan“ und laufen geradeaus in die Nebenstraße „Am Katzenturm“. Der ragt bereits gut sichtbar vor uns auf. Dort angekommen, nutzen wir die schmale Gasse, um geradeaus weiter Richtung Ochsenturm zu laufen.

Wir lassen die Borngasse unbeachtet und wandern geradeaus weiter, bis wir links in „Am Ochsenturm“ abbiegen und damit der Stadtmauer endgültig den Rücken kehren.

Nach **1.2 km** treffen wir an einem Wegweiser auf die Koblenzer Straße, der wir nun rechts zum Ortsende folgen. Auch der Rheinburgenweg, der entlang der westlichen Stadtmauer verläuft, gesellt sich an dieser Stelle wieder zu uns. Als die Straße zu einem Bahnübergang nach rechts knickt, laufen wir einfach geradeaus auf einem Feldweg in die vor uns liegenden Weinberge.

Zunächst gewinnen wir nur unmerklich an Höhe. Wir passieren eine Infotafel zum

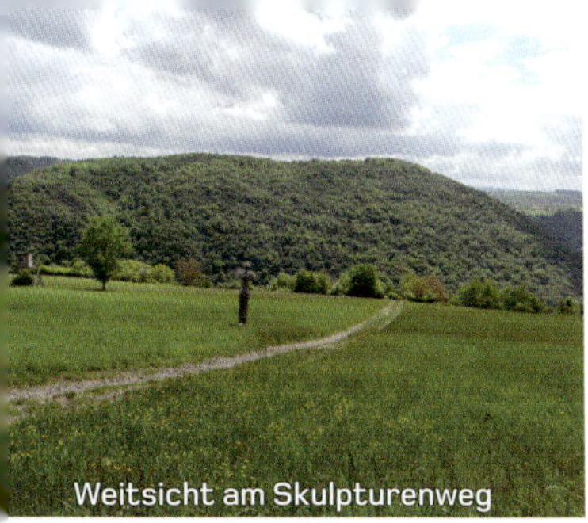
Weitsicht am Skulpturenweg

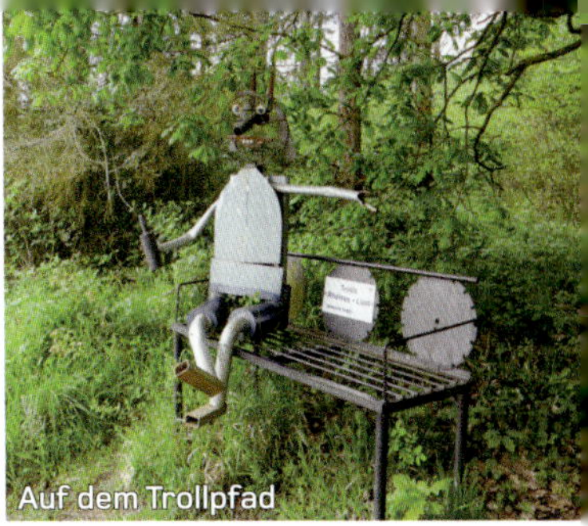
Auf dem Trollpfad

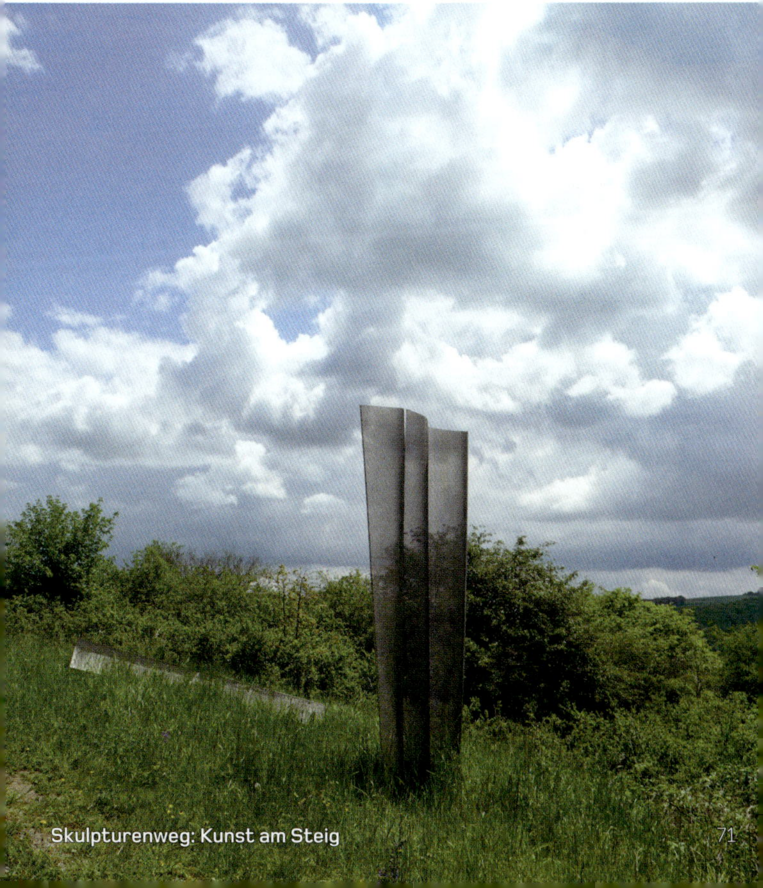
Skulpturenweg: Kunst am Steig

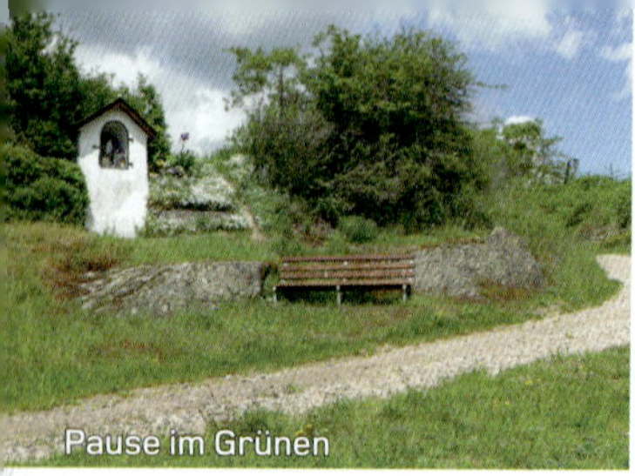
Pause im Grünen

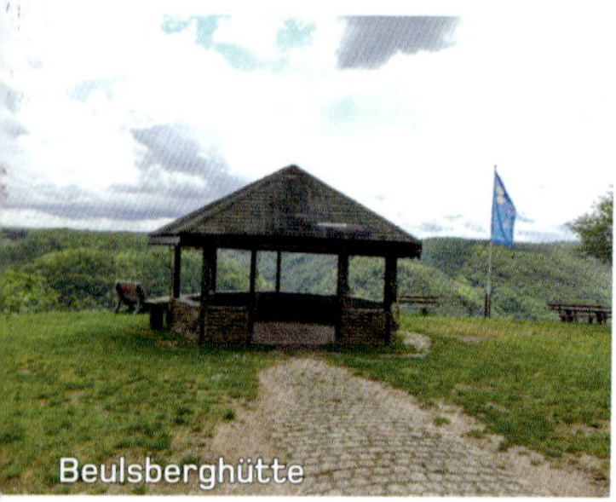
Beulsberghütte

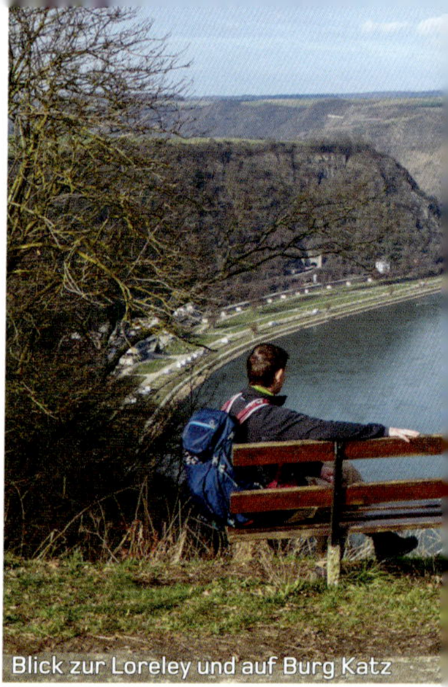
Blick zur Loreley und auf Burg Katz

Weinbau und lassen einen Stichweg nach rechts zu einer Hütte unbeachtet. Kurz darauf erreichen wir den nächsten Wegweiser, an dem es geradeaus zum Oelsbergsteig geht.

Wir aber stellen uns sogleich der Herausforderung des Anstiegs hinauf zum Günderode Haus und biegen daher links auf den in Serpentinen stramm ansteigenden Weg. Weinreben und einzelne Weinbergspfirsichbäumchen flankieren den Aufstieg, der auf dem steinigen Schieferboden gute Trittsicherheit fordert. Nach dem ersten Höhengewinn stoßen wir auf eine schmale Straße und biegen rechts ab.

Nach nur 60 m dürfen wir aber schon wieder links auf einen weiterhin in engen Kurven ansteigenden Pfad wechseln. Wir kommen ordentlich ins Schnaufen, während wir Meter um Meter bergan wandern. Dann dürfen wir in ein uriges Gehölz eintauchen, und der Pfad wird etwas flacher.

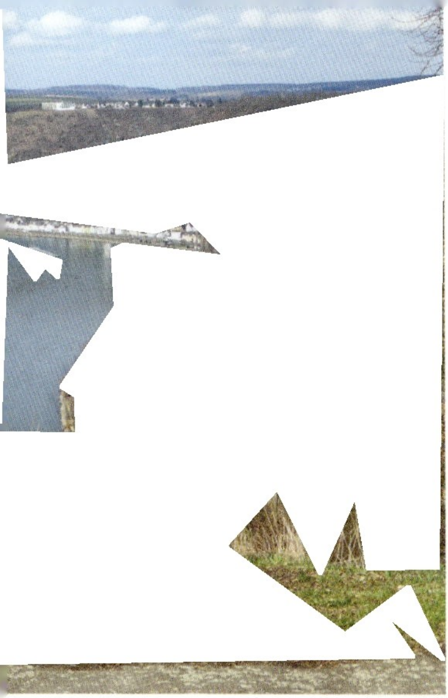

Nach **2.2 km** verlassen wir das Gehölz und treffen auf einen breiten Weg: Links unterhalb befindet sich das einladende Günderode Haus **(2)**, während der Welterbesteig an dieser Stelle rechts hoch zum nahen Parkplatz an der K 95 führt.

Aufmerksam queren wir die Straße und wenden uns dem steil ansteigenden Asphaltweg zu. Nach wenigen Metern stehen wir an einem Wegweiser und einer Portaltafel der Traumschleife Mittelrhein, die uns nun eine Weile begleiten wird. Unser Pfad steigt spürbar an und passiert einen letzten umzäunten Garten, bevor prachtvoll dichte Hecken eng an den Weg rücken.

Plötzlich fühlen wir uns beobachtet. Wir bleiben stehen und tatsächlich: Da stehen Vater und Sohn Troll blechern am Wegesrand und glotzen uns mit freundlichen, kugelrunden Augen an. Kurz darauf sorgt hinter einer Bank der Trollinger für Erheiterung. Zudem bietet sich ein schöner Blick zurück nach Oberwesel und einem Teil der westlichen Stadtmauer.

Wir ziehen weiter, sind begeistert von den wogenden Wiesen um uns herum, auf denen im Frühsommer der Hahnenfuß leuchtende Akzente setzt. Weitere einfallsreiche Gesellen begleiten uns, wie der Troll Amore, der Harke-mal-Troll, der Digital KonTroll oder der Troll ohne Furcht und Tadel. Mittlerweile haben wir ordentlich an Höhe gewonnen und den Waldrand erreicht, wo von hinten links ein Weg zu uns stößt. Wir lau-

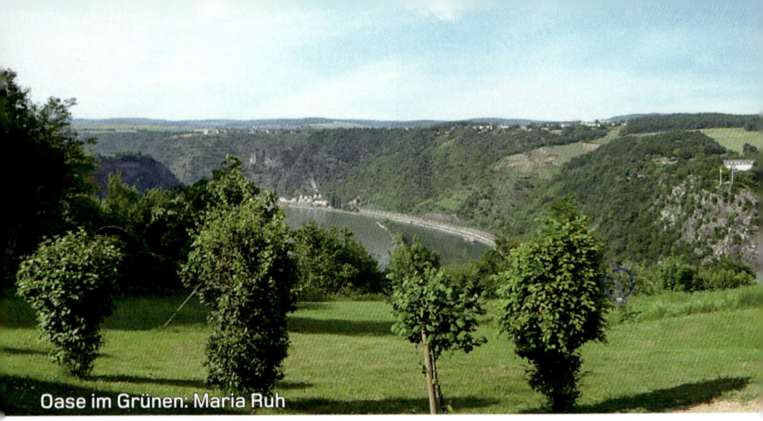
Oase im Grünen: Maria Ruh

fen geradeaus weiter, queren das Wäldchen und werden danach, kurz vor der Straße, vom Post-Troll (der passenderweise an der Postbank steht) und dem Frühlingstroll verabschiedet.

Ein Wegweiser schickt uns rechts über die K 95. Wir sehen bereits einen (Fremd-) Wegweiser und biegen an diesem links auf einen Feldweg ab. Auf die Trolle folgt die Kunst: Kaum öffnet sich vor uns eine große Wiese, zieht eine erste Steinskulptur unsere Aufmerksamkeit auf sich.

Kein Zweifel, nach dem Trollweg haben wir nun den Skulpturenweg erreicht, der eine weitere Facette des Welterbetals hinzufügt. Wir laufen etwa bis zur Mitte der Wiese, wo wir scharf links zu einem Gehölz abbiegen. Pfadig führt der Welterbesteig uns mit einigen Stufen hinab zum Meerbach.

Wir queren das unscheinbare Rinnsal und steigen sogleich wieder steil bergan zu einem Wirtschaftsweg. Hier biegen wir rechts ab und folgen dem Weg durch eine dichte Heckenzone zu einer Weggabelung.

Nach **3.3 km** halten wir uns an dieser Stelle links und merken: Es wird wieder steiler. Langsam ziehen sich die dichten

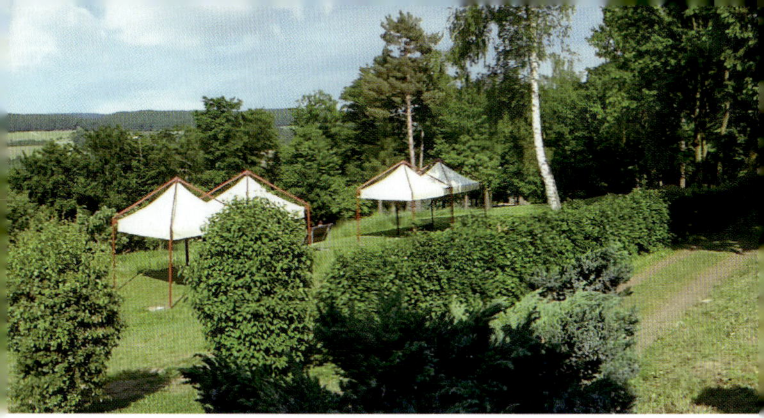

Hecken etwas zurück und geben rechts den Blick über weite Wiesen hin zum Rheintal frei. Eine Bank im Schatten hoher Bäume bietet Gelegenheit zum Verschnaufen, die Aussicht nach Oberwesel gibt es gratis dazu.

Dann liegt der Welterbesteig wieder offen vor uns. Es ist Genuss pur, weit übers Land Ausschau halten zu können und dieses herrliche Welterbe-Premiumwandern mit allen Sinnen zu genießen.

**Im Frühsommer begleitet uns ein Zirp-Konzert der Grillen, die in den naturnahen Wiesen ein sicheres Refugium gefunden haben.** **!**

Neben einer Bank mündet unser Wiesenweg auf einen befestigten Wirtschaftsweg. Wir schwenken nach links bergan und nehmen den nun wieder steileren Anstieg in Angriff. Die grandiose Aussicht zum Rhein und weitere Skulpturen sorgen für spannende Ablenkung, doch auch die Natur zieht weitere Register und bereichert den Abschnitt mit kleineren Felsklippen am Wegesrand.

Dann ist es vorerst geschafft: An einer Verzweigung nahe einer kleinen Wegkapelle (mit Bank) dürfen wir rechts wandern. Nun senkt sich der Wirtschaftsweg sanft ab, führt uns durch dichte Hecken und an kleineren Felsen vorbei an den Rand des aktiven Weinbaus.

Ein Wildgatter schützt die Trauben vor den hungrigen Mäulern der Wildschweine, stellt für uns aber kein Hindernis dar. Unmittelbar nach dem zweiten Gatter dürfen wir dann aber den Abzweig nach rechts nicht übersehen: Sehr steil bringt uns ein Pfad direkt neben den Reben eine Etage tiefer.

Der Abstieg ist nicht lang, aber steil und bei Nässe ziemlich rutschig, was Aufmerksamkeit und Trittsicherheit verlangt. Am Ende des Pfades biegen wir links ab und erreichen wenige Meter später nach **4.4 km** den Büttenplatz mit der Beulsberghütte **(3)**.

Hier mündet übrigens auch der Oelsbergsteig, und wir legen eine wohlverdiente und aussichtsreiche Rast ein. Mit frischen Kräften widmen wir uns danach wieder dem Welterbesteig, der uns von der Hütte bald zu einer Kreuzung führt.

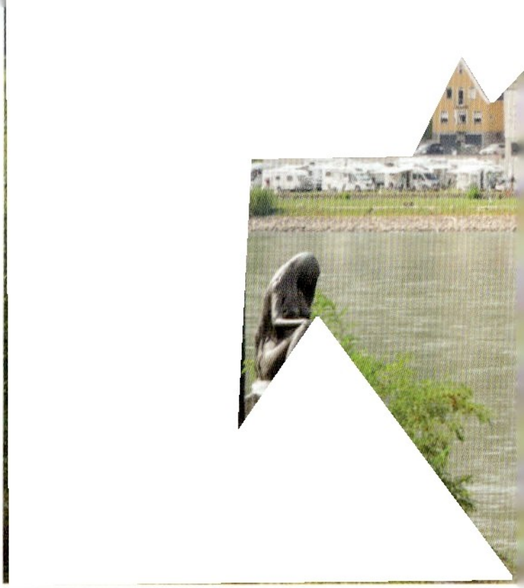

Hier biegen wir rechts ab, verlieren gemächlich an Höhe und dürfen in einer engen Rechtskurve halb links auf einen Grasweg wechseln. Nun beginnt eine sehr reizvolle Passage, die von offenen Wiesen und üppigen Hecken sowie vereinzelten Streuobstbäumen geprägt ist und sich durch zahlreiche herrliche Rheintalblicke auszeichnet.

Einmündende Seitenwege ignorieren wir, bis uns die Logos nach **5.1 km** rechts auf einen Pfad in ein Gehölz schicken. Einige Stufen geht es dort abwärts, bis wir einen kleinen Bach queren. Weitere Stufen führen uns aus dem kleinen Tal wieder heraus, und bald

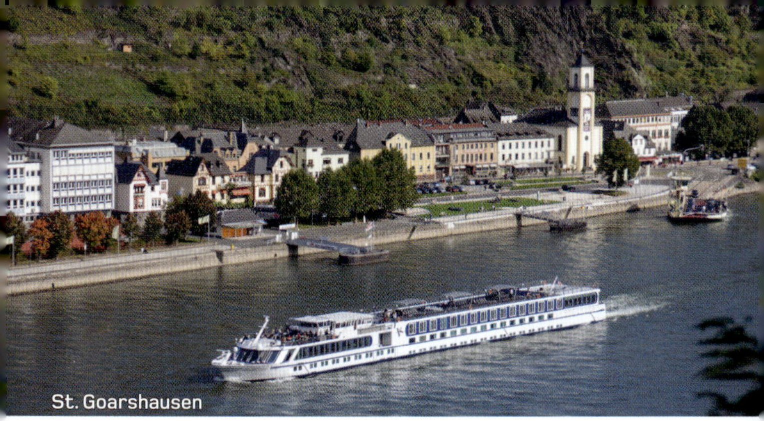

St. Goarshausen

verlassen wir auch den Waldabschnitt wieder und finden uns erneut in der offenen Flur. Nahe der Hangkante wandern wir weiter. Bald stoßen wir auf einen asphaltierten Weg und freuen uns, als sich kurz darauf die Hecken rechts öffnen und wir von einer Bank einen ersten majestätischen Blick auf den berühmten Loreleyfelsen genießen dürfen.

Und dann ist es mal wieder Zeit für einen dieser besonderen Welterbeplätze: Nach **5.9 km** treffen wir bei Maria Ruh ein **(4)**. Sofort sind wir gebannt, denn da ist sie, die Loreley, genau gegenüber erhebt sich der Schicksalsfelsen des Mittelrheintals aus den Fluten des Rheins. Die blonde Schönheit sitzt freilich nicht oben auf dem neu gestalteten Plateau, sondern ist unten an der Hafenmole verewigt.

Neben der unvergesslich schönen Aussicht vom Pavillon hinüber zur Loreley laden zahlreiche Bänke, darunter auch eine Schaukelbank, und Rastplätze, aber auch ein beliebtes Lokal zur Pause ein. Das lassen wir uns natürlich nicht entgehen ...

Nach der Pause an diesem magischen Ort folgen wir dem Welterbesteig über die Wiese zum Waldrand, wo wir rechts unters Blätterdach abtauchen. Eng und bald auch ziemlich steil senkt sich der Pfad ab und fordert unsere volle Aufmerksamkeit.

Etliche Höhenmeter tiefer queren wir den leise plätschernden Galgenbach. Kurz danach passieren wir den Abzweig des Zuwegs zum Campingplatz im Tal. Nun ist wieder Kondition vonnöten, denn der Pfad steigt jetzt wieder stramm an. Erst an einem idyllischen Rastplatz mitten im Wald wechseln wir rechts auf einen Waldweg, der flacher verläuft.

Wenig später queren wir den Seelenbach und verlassen den Wald. Der Welterbesteig verläuft nun zwischen Feldern und Hecken und überrascht uns nach **7.5 km** mit einer perfekt positionierten Sinnesbank an der Hangkante: Schöner und entspannter kann man die herrliche Aussicht kaum genießen.

Nur 100 m später bietet ein zum Rhein hin offener Unterstand am Loreleyblick ebenfalls „Rheintal-Fern-Sehen" vom Feinsten. Auch auf der folgenden Passage ist die fantastische Aussicht auf den Rhein und die Loreley Programm und steter Begleiter.

Besonders beeindruckend ist dabei die mit mehreren Bänken und Tafeln bestückte Aussicht am Bankeck **(5)**, an der Burg Katz genau im Blickfeld liegt und auch die kleine Loreley von der Mole zu uns herauf grüßt.

Nach diesem Höhepunkt schickt uns der Welterbesteig noch einmal links etwas weiter in die Felder. Doch bei erster Gelegenheit biegen wir rechts ab und laufen durch die freie Flur wieder auf die Hangkante zu.

Wir passieren den Abzweig nach Biebernheim und stehen nach **8.7 km** an der letzten herausragenden Aussicht des Tages: an der Schutzhütte Wackenberg **(6)**.

Diesmal sind es die Burgen, die unsere Aufmerksamkeit fesseln, denn neben Burg Katz schieben sich nun auch die mächtige Burg Rheinfels und

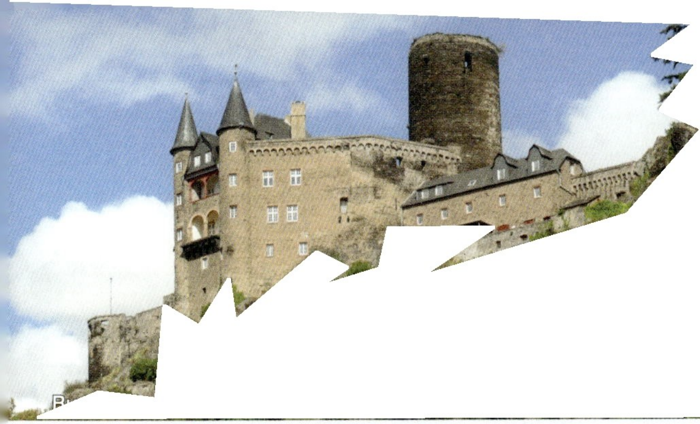

die Burg Maus in den Fokus. Was für eine geballte Ladung Mittelalter! Nach ausgiebigem Rundblick folgen wir dem Pfad durch die Hangflanke abwärts. Bald stoßen wir im Lohbachtal auf einen Treppenpfad, der uns rechts talwärts führt.

Wir queren den Lohbach und stehen wenig später nach **9.1 km** am Abzweig nach St. Goar **(7)**. Wir verlassen für heute den Welterbesteig und freuen uns schon auf die morgige Etappe bis Hirzenach.

**ZUWEG:** *Vom Wegweiser folgt man weiter der Treppe zur Unterführung der Gleise. Auf der anderen Seite wendet man sich nach rechts, läuft zum nahen Bahnhof, den man nach* **200 m** *erreicht. Wer möchte, biegt links zur Kirche ab und läuft zur B 9. Zur Altstadt geht es nun nach links, zur Fähre nach rechts (insgesamt* **0.5 km** *Zuweg).*

## FAZIT

Die Tour verlangt normale Kondition und Trittsicherheit. Einige relativ kurze Steigungen und Gefällstrecken sind herausfordernd. Festes Schuhwerk ist vor allem aufgrund einiger, bei nasser Witterung, rutschiger Abschnitte wichtig. Stöcke sind hilfreich.

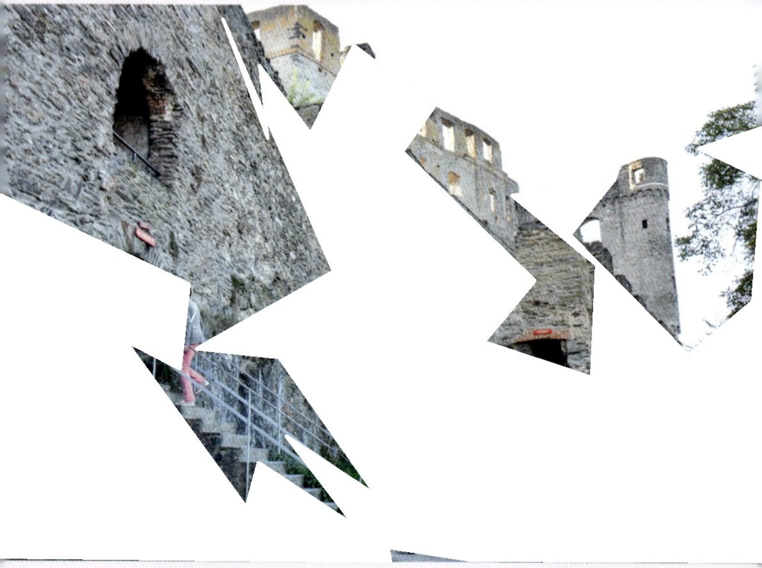

## Trutzige Festung

*Beim Anblick der trutzigen Mauern und Bastionen von Burg Rheinfels fällt die Zeitreise ins Jahr 1692 leicht. Damals belagerte König Ludwig XIV. die mächtige Festung mit 28 000 Streitern. Den nur 4000 eingeschlossenen Kämpfern gelang es aber dank der ausgeklügelten Anlage der Burg, die zu den modernsten ihrer Zeit zählte, der Übermacht als einzige linksrheinische Burg zu trotzen. Allerdings währte das Glück nicht lange. 1796/97 nahmen die Franzosen die Festung kampflos ein und sprengten weite Teile der Burg. Damit war die ursprünglich 1245 von den Grafen von Katzenelnbogen gegründete Burg, die sich im 14. und 15. Jahrhundert zur bedeutenden Zollburg und zum kulturellen Zentrum im Mittelrheingebiet entwickelt hatte, dem Verfall preisgegeben. Im 20. Jahrhundert erfolgte der teilweise Wiederaufbau. Heute ist etwa ein Drittel der ehemaligen Festung zu besichtigen. Im alten Fort Scharfeneck befindet sich ein Hotel mit Restaurant. ⓘ www.st-goar.de*

*Tourist-Info Hunsrück-Mittelrhein, Rhein-Mosel-Str. 45, 56281 Emmelshausen, 06747/93220, www.hunsrück-mittelrhein.de*
- *Tourist-Info, Rathausstr. 3, 55430 Oberwesel, 06744/ 710624, www.oberwesel.de*

*Günderode Haus, Siebenjungfrauenblick, 55430 Oberwesel, 06744/714011, www.guenderodefilmhaus.de*
- *Loreleyblick Maria Ruh, Loreleystr. 20, 55430 Urbar, 067419811599, www.maria-ruh.de*
- *Landgasthof Rebstock, An der Bach 3, 56329 St. Goar-Biebernheim, 06741/9800337, www.landgasthof-rebstock.com*

*Hotel Schloss Rheinfels, Schlossberg 47, 56329 St. Goar, 06741/8020, www.schloss-rheinfels.de*
- *Hotel Keutmann, An der Loreley 24, 56329 St. Goar, 06741/1691, www.hotel-keutmann.de*
- *Knab's Mühlenschenke, Gründelbachtal 73, 56329 St. Goar, 06741/1698, www.muehlenschenke.de*

*Wohnmobilstellplatz am Reiterhof, Auf dem Flürchen, Reiterhof Pabst, 56329 St. Goar-Biebernheim, 06741/383, www.st-goar.de*
- *Campingplatz Loreleyblick, An der Loreley 33, 56329 St. Goar, 06741/2066, www.camping-loreleyblick.de*

*Sowohl Oberwesel als auch St. Goar haben einen Bahnhof und sind im Stundentakt über den regionalen Zugverkehr (Mittelrheinbahn) erreichbar. www.mittelrhein-bahn.de*

*Taxi Erdmann, 06741/7738*
- *Taxi Pabst, 06741/7011*

Der Aufstieg zum Günderode Haus ist steil und bei Nässe oft auch rutschig. Hier sind erhöhte Aufmerksamkeit und Trittsicherheit notwendig. Gleiches gilt für den Abstieg nach Maria Ruh und vom Wackenberg nach St. Goar.

Hunde können die Tour problemlos absolvieren. Unterwegs gibt es keinen Zugang zu offenem Wasser.

# 06 St. Goar - Hirzenach

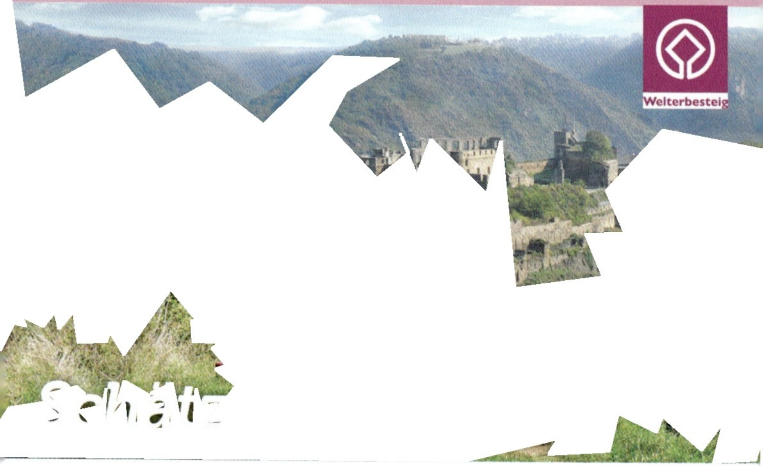


| 12,8 (+1,4) | 4h 20min | 508 ↑ | 454 ↓ | 306 | 975 ♀ | 1144 ♂ | |
|---|---|---|---|---|---|---|---|
| km | | | | | | | WESX6X5 |

**Start:** St. Goar, Abzweig Bf.
**Ziel:** Abzweig Hirzenach

**Anfahrt:** St. Goar und Hirzenach erreicht man am besten durchs Rheintal auf der B 9.

**Parken:** St. Goar, B 9 (Gebühr)
N50° 09' 07.1" • E7° 42' 47.4"
St. Goar, Rheinfels (Gebühr)
N50° 09' 11.6" • E7° 42' 15.4"
Hirzenach, Rheinstraße (Bhf.)
N50° 10' 31.3"
E7° 38' 53.0"

scan to go®

**Wegpunkte:**
- **P1** St. Goar Abzweig Bhf
  32 U 408111 5556089
- **P2** Burg Rheinfels
  32 U 407525 5556523
- **P3** Aussicht Pilz
  32 U 407255 5557167
- **P4** Hartenberg Hütte
  32 U 406392 5557831
- **P5** Aussicht Prinzenstein
  32 U 405376 5558158
- **P6** Taunusblickhütte
  32 U 404191 5557531
- **P7** Abzweig Hirzenach
  32 U 403130 5558939

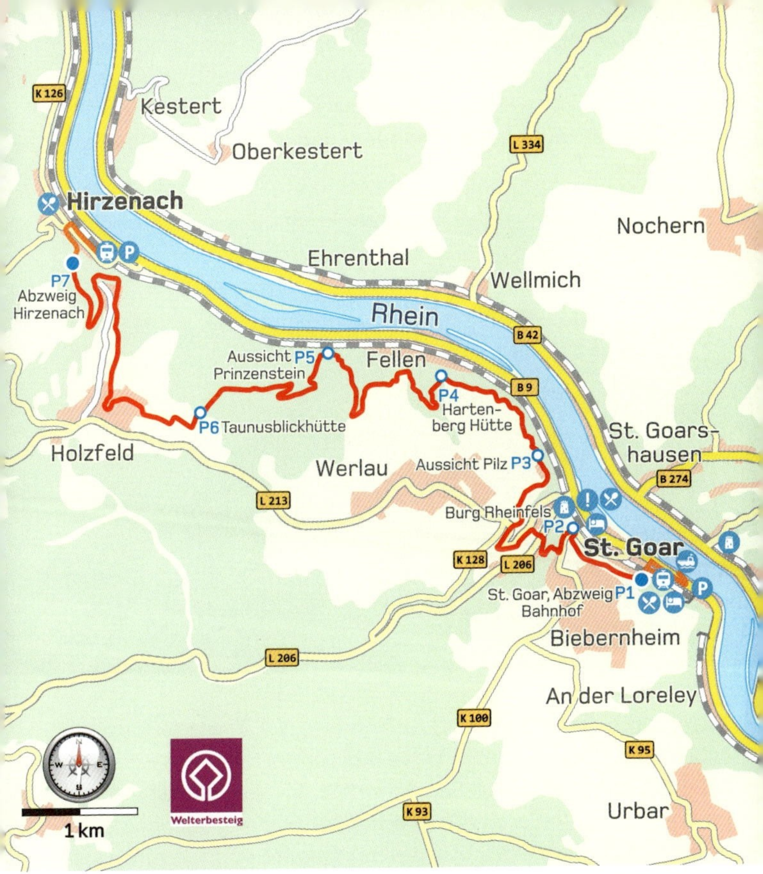
Kestert
Oberkestert
K 126
L 334
Hirzenach
Nochern
Ehrenthal
Wellmich
P7
Abzweig
Hirzenach
Rhein
B 42
Aussicht P5
Prinzenstein
Fellen
P4
Harten-
berg Hütte
B 9
P6 Taunusblickhütte
Holzfeld
St. Goars-
hausen
Werlau
Aussicht Pilz P3
B 274
L 213
Burg Rheinfels
P2
St. Goar
K 128
L 206
St. Goar, Abzweig P1
Bahnhof
Biebernheim
L 206
An der Loreley
K 100
K 95
K 93
Urbar
1 km
Welterbesteig

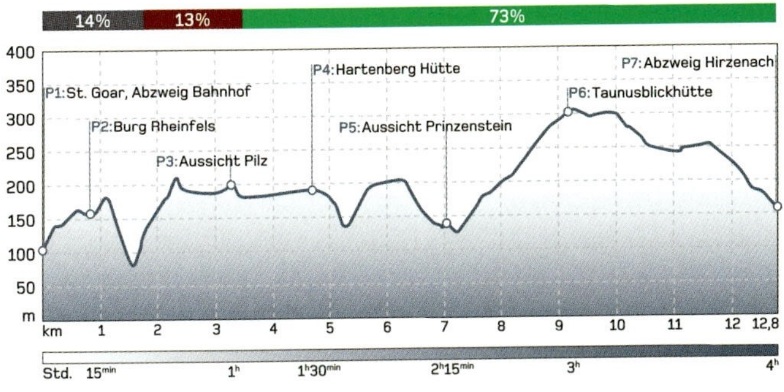
14%
13%
73%
400
350
300
250
200
150
100
50
m
P1: St. Goar, Abzweig Bahnhof
P2: Burg Rheinfels
P3: Aussicht Pilz
P4: Hartenberg Hütte
P5: Aussicht Prinzenstein
P6: Taunusblickhütte
P7: Abzweig Hirzenach
km 1 2 3 4 5 6 7 8 9 10 11 12 12,8
Std. 15min 1h 1h30min 2h15min 3h 4h

**Von St. Goar bis Hirzenach ist es zwar nicht sonderlich weit, dafür müssen wir einige stramme An- und Abstiege bewältigen. Entschädigt werden wir dafür mit einer beeindruckenden Burg, atemberaubenden Pfadpassagen und überwältigenden Ausblicken.**

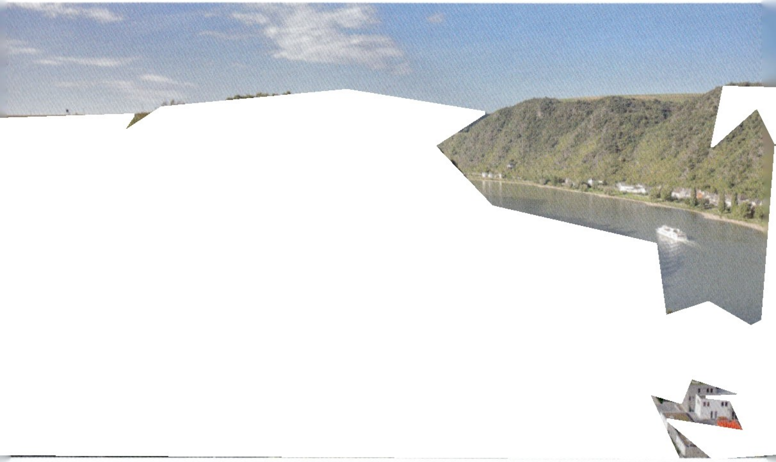

**ZUWEG:** *Von der Fähre in St. Goar folgt man den Zuwegmarkierungen entlang der B 9 nach Norden, bis es links zur Stiftskirche geht. Von hier nutzt man den Fußweg zur Bahnhofstraße. Am Bahnhof hält man sich rechts und biegt bei erster Gelegenheit links in die Unterführung der Gleise ab. Eine Treppe führt bergan zum Wegweiser, an dem man wieder auf den Welterbesteig* **(1)** *trifft.*

Der Welterbesteig verläuft gleich zu Beginn unserer heutigen Tour durch eine parkähnliche Landschaft entlang alter Wehranlagen. Am Wegesrand animieren uns kleine sportliche Mitmachstationen des Reusche-Parks zum Austesten unseres Balancegefühls oder verleiten zu einer Klettereinlage. Zu sehr sollten wir uns jedoch auf diesen ersten Metern nicht verausgaben, denn obwohl nicht extrem lang, wird uns die Etappe bis Hirzenach mehrfach mit exponierten Pfaden und strammen An- und Abstiegen herausfordern.

So nutzen wir lieber die begleitende Mauer, um uns auf den ersten Mittelalter-Höhepunkt vorzubereiten. Denn kaum haben wir einiges an Höhe gewonnen, führt uns der Weg an den Rand der Bebauung und weiter zu einer Holzbrücke.

Diese bringt uns in luftiger Höhe über die K 100 und nach **0.9 km** direkt in den Hof von Burg Rheinfels **(2)**. Heute dient die riesige Burganlage als Hotel und Restaurant, in den weitläufigen Ruinenmauern finden auch Veranstaltungen statt.

Eine Führung lohnt sich unbedingt, denn dabei gibt es einige versteckte Geheimnisse zu entdecken. Doch auch schon das, was wir im Vorübergehen mitbekommen, beeindruckt uns sehr und macht Lust aufs Wiederkommen und Entdecken.

So kehren wir dem Mittelalter den Rücken, wandern über den Parkplatz und auf dem Gehweg neben der K 100 sanft bergan. Bald schon schickt uns ein Wegweiser durch eine Maueröffnung scharf rechts auf einen steilen Treppenweg bergab. Noch einmal streifen wir dabei die Ausläufer der Rheinfels, bevor wir auf verschlungenem Pfad durch den dichten Hangwald talwärts streben.

Mit einem Rechtsknick nähern wir uns dem Gründelbach und verlassen an der Philipps Mühle den Wald. Wir queren die L 206 und wissen beim Anblick des steil aufragenden Weinbergs: Nun wird es anstrengend. Das bestätigt sich sogleich, erst in der Falllinie, bald in engen Serpentinen steigen wir den Hang bergan und bewundern im Stillen die Winzer, die auf solch steilen Hängen Reben kultivieren.

Der Steilanstieg endet unterhalb der L 213. Auf bequemem, fast ebenen Feldweg schwenken wir nach links, bis wir auf einen Querweg treffen. Dem

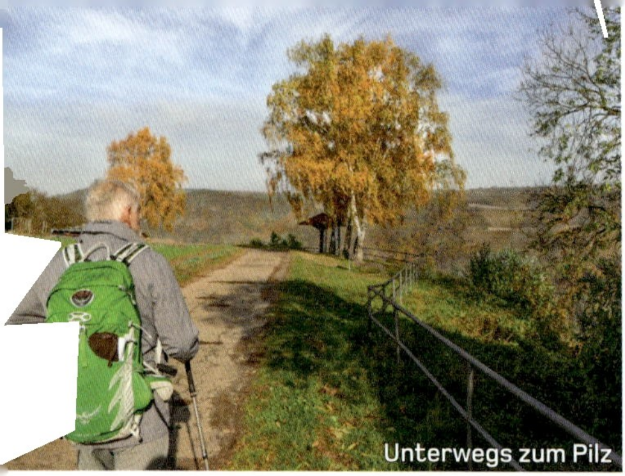

Unterwegs zum Pilz

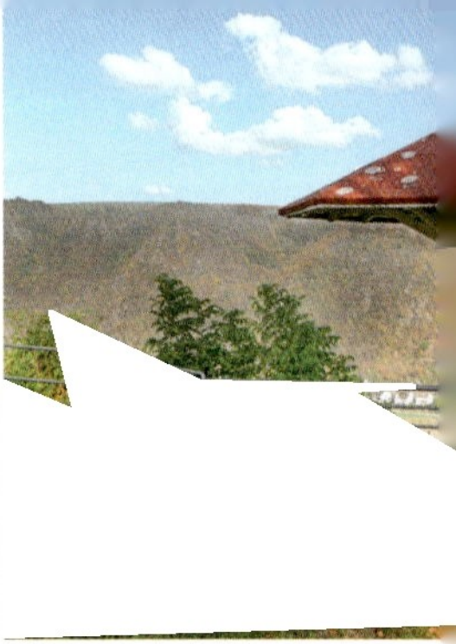

folgen wir rechts zur nahen Straße, die wir in einer Haarnadelkurve queren. Auf dem befestigten breiten Bankett wandern wir vollends hinauf auf das Rheinplateau, wo wir nach 2.3 km an einem kleinen Parkplatz eintreffen.

Ein Wegweiser schickt uns auf einem heckengesäumten Wiesenweg über eine Kuppe, und wir freuen uns bald an der herrlichen Aussicht zum Rheintal.

Doch es wird noch besser! Dort, wo der Wiesenweg nach kurzem Abstieg auf einen befestigten Feldweg trifft, liegt sie uns auf Augenhöhe gegenüber: die mächtige Burg Rheinfels, die aus dieser Perspektive noch viel gewaltiger erscheint und uns schwer beeindruckt.

In diesem Moment ist das Welterbethema wieder sehr gegenwärtig, und wir schätzen uns glücklich, dem Mythos Rheintal auf dem Welterbesteig entschleunigt und facettenreich näherkommen zu dürfen.

Wir folgen dem Feldweg, passieren die Zufahrt zum Hofgut Schanze und tauchen pfadig in ein kleines Wäldchen ein. Lange dauert dieses Intermezzo nicht, denn schon bald endet der Pfad an einem Wirtschaftsweg, der uns rechts zum nahen Unterstand Pilz (3) führt, der nach 3.3 km zur aussichtsreichen Rast einlädt.

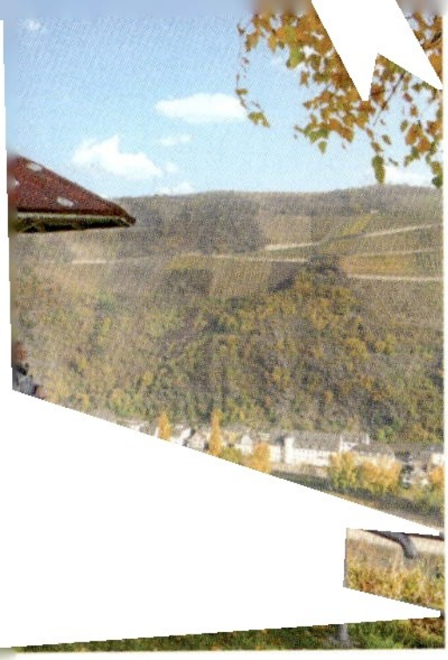

Erholt und neugierig, was als Nächstes kommt, folgen wir den Logos über die Wiese zum Waldrand. Hier taucht der Welterbesteig mitten hinein in den typischen Niederwald des Rheintals.

Wir sind nun auf dem sogenannten Alpinpfad, und angesichts der steilen Bergflanke neben unserem schmalen Pfad ist eine alpine Assoziation durchaus gerechtfertigt.

Aber die urwüchsige Natur schlägt uns schon nach wenigen Metern in Bann, und wir sind begeistert von dem sich windenden Pfad. Es geht vorbei an uralten bemoosten Krüppeleichen und schroffen Felsvorsprüngen, bis sich nach 4.7 km die Kulisse öffnet und wir an der Aussicht am Hartenberg (4) stehen.

Der Ausblick ist überwältigend schön, und um das Idyll abzurunden, steht etwas zurückgesetzt auch noch eine Schutzhütte zur Pause bereit.

Aber noch ist das Pfadwandervergnügen nicht zu Ende: Von der Klippe aus taucht der Pfad wieder in den Niederwald ein und führt nun deutlich bergab. Wieder rücken Felsen eng an den Weg und unterstützen das alpine Flair. Allmählich nähern wir uns dem Heimbach, der dieses Urwaldidyll mit leisem Plätschern krönt. Doch kaum haben wir den Bach im Dämmerlicht des Waldes gequert, biegt am Abzweig nach Fellen der Welterbesteig links ab.

Sofort merken wir: Nun geht es wieder bergwärts, und rasch sind die Muskeln beim strammen Aufstieg gefordert. Etwas außer Atem erreichen wir nach **5.7 km** wieder die Hangkante und verlassen den Wald. Toll, dass auch hier eine Bank parat steht und wir bei bester Aussicht rasch verschnaufen können.

Dann nehmen wir vorerst Abschied von der Hangkante und wandern über die Wiesen und am Waldrand entlang , bis wir nach **6.3 km** an einer Schutzhütte am Waldrand eintreffen. Nun ruft schon das nächste Abenteuer! Denn der Wegweiser schickt uns rechts auf einen Pfad in den Wald, während der Rheinburgenweg auf breitem Forstweg in den Wald eintaucht.

Wir werden ihn nahe der Taunusblickhütte wieder treffen.

Doch jetzt widmen wir uns erst mal dem steilen Abstieg zu einem querenden Waldweg. Hier biegen wir rechts ab und laufen nun deutlich sanfter talwärts.

An einem Felsaufschluss mitten im Wald queren wir den meist nur sehr dürftigen Bach und laufen links auf einem federnden Waldweg weiter. Wir genießen diese stille Passage im dichten Wald und freuen uns, als ein offenbar recht alter, schmaler Wasserkanal den Weg beglei-

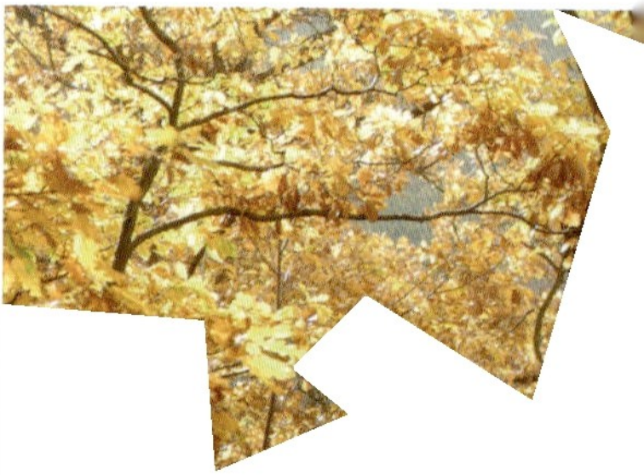

tet. Doch wir schwenken bald nach rechts und queren wenig später mitten im Wald den Zufahrtsweg zu den Gebäuden der ehemaligen Grube Prinzenstein.

Heute merken wir nichts mehr davon, doch schon ab dem 16. Jahrhundert wurde hier Blei, Zink, Silber und Kupfer abgebaut.

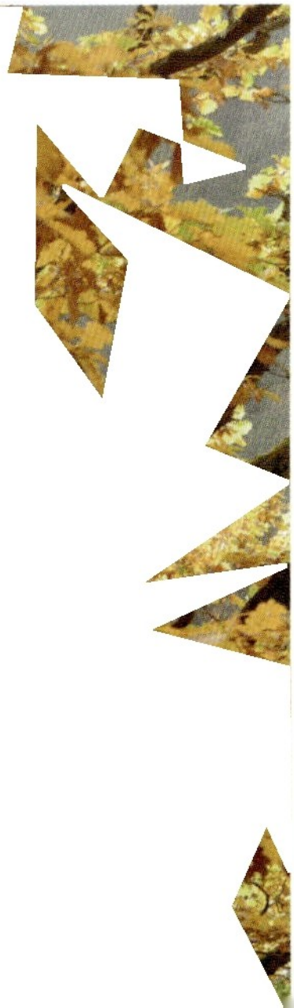

Wir folgen den Markierungen weiter geradeaus bergab und freuen uns am herrlichen Mischwald. Mit einigen Schlenkern kommen wir der Hangkante immer näher, bis wir schließlich einem Pfad folgen und nach 7.1 km am Aussichtspunkt Prinzenstein (5) hoch über dem Rhein stehen.

Steil fallen die Felsen hier zu Tal, und wir halten von der gesicherten Hangkante gebührend Abstand. Eine Tafel erläutert die Montangeschichte der Region, und eine Bank zum Ausruhen gibt es auch. Unser Blick schweift von der trutzigen Burg Maus bis zum markanten Felssturz auf der rechten Rheinseite, der 2020 wochenlang die so wichtige Bahntrasse blockierte.

Es wird Zeit, die Tour fortzusetzen, und uns ist nach dem langen Abstieg klar: Jetzt muss es wohl wieder bergauf gehen. Doch tatsächlich senkt sich der Welterbesteig erst mal noch etwas ab und führt uns gewunden wieder runter von der Felsklippe und an den Rand des ehemaligen

Grubenareals. Dort biegen wir rechts ab und queren einen Bach. Wenig später biegen wir scharf links ab und beginnen den strammen Anstieg zurück zum Rheinplateau.

Unser Pfad führt mit kleinen Windungen durch herrlichen Laubmischwald stetig bergan und verlangt uns einiges ab. So sind wir erleichtert, als wir nahe eines kleinen Waldteichs auf einen breiten Wirtschaftsweg stoßen und diesem nach rechts folgen.

Wir laufen um eine Kurve und nehmen nach **7.7 km** den Abzweig nach rechts. Wir folgen einem Waldweg an einer idyllischen Waldwiese vorbei bergan. In einer engen Rechtskurve ignorieren wir abzweigende Wege und gewinnen weiter an Höhe. Felsen treten zu Tage, doch von den alten Stollen bekommen wir kaum etwas mit.

Dann ist wieder Aufmerksamkeit vonnöten, denn nahe einer weiteren Felsklippe knickt der Welterbesteig pfadig links in den Hang. Nach der ersten Steilstufe wird der Anstieg angenehmer und führt uns über raschelndes Laub zwischen den schlanken Stämmen himmelhoher Buchen hindurch.

Allmählich mischen sich immer mehr Nadelbäume unter die Buchen und nach **8.7 km** stoßen wir an einem Wegweiser auf einen befestigten Forstweg, auf dem auch der Rheinburgenweg verläuft. Gemeinsam geht es geradeaus weiter zu einer offenen Waldkreuzung.

Hier biegen wir links ab und freuen uns, dass sich der mächtige Wald öffnet und wir an einer fast heideartigen Insel vorbeiwandern dürfen. Heidekraut und würzige Kiefern sorgen für einen Hauch von nordischem Flair, während uns der Welterbesteig nur noch wenig ansteigend zum Waldrand bringt.

Dort bieten die Taunusblickhütte **(6)** und ein Rastplatz Gelegenheit zur wohlverdienten Pause im Grünen. Von der Hütte aus laufen wir auf

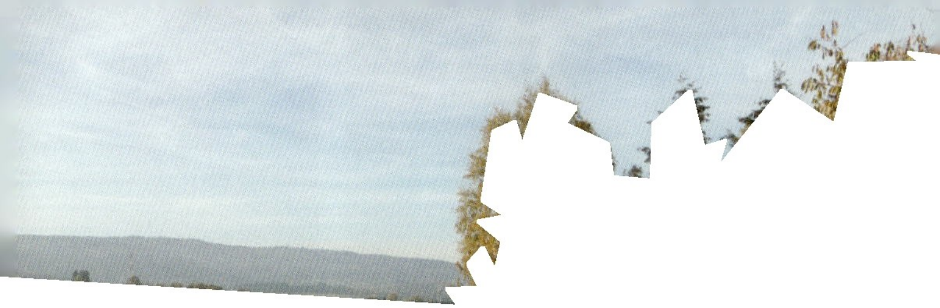

einem rechts von Hecken gesäumten Grasweg weiter und biegen bei erster Gelegenheit rechts auf einen Feldweg ab. Der führt uns nun mitten durch die offene Flur abwärts und eröffnet uns dabei eine herrliche Weitsicht bis weit auf die andere Rheinseite.

Nach dem ersten Abstieg biegen wir links ab, um kurz darauf wieder rechts auf einen anderen Feldweg zu wechseln. Nach kurzem Höhengewinn treffen wir auf die Straße Hof Taunusblick, passieren den gleichnamigen Pferdehof und gleich danach auch den Friedhof von Holzfeld. Wir gelangen ins Neubaugebiet und nutzen einen Fußweg, der links abzweigt und uns, an den Häusern vorbei und über eine Anliegerstraße hinweg, vollends hinab in den Ort bringt.

Wir stoßen auf die Oberbornstraße und folgen ihr links bergab, bis wir nach **10.2 km** am Wegweiser in der Ortsmitte von Holzfeld stehen. Wir wenden uns nach rechts und 50 m später erneut nach rechts in den „Grasgarten", der uns aus dem Ort führt.

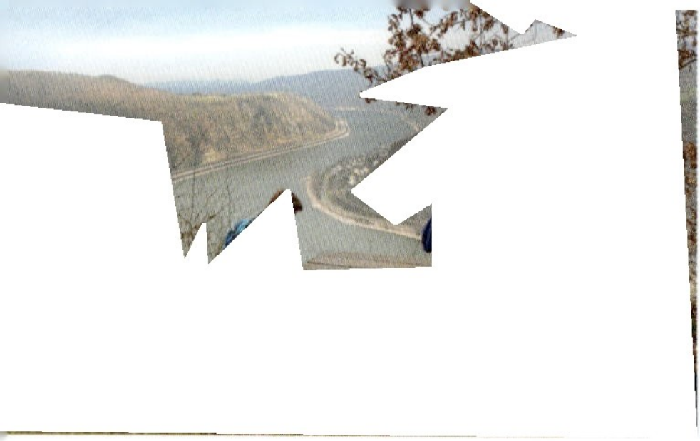

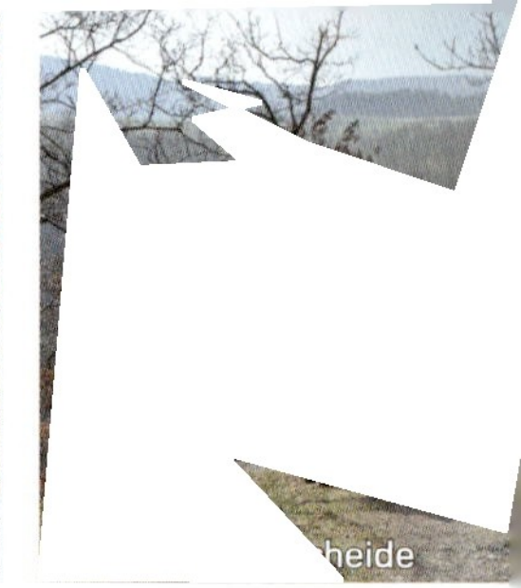


Kaum haben wir die letzten Häuser und Gärten hinter uns gelassen, gabelt sich der Weg. Wir halten uns erst links, dann rechts und dürfen nun, begleitet von Wiesen und Weiden, am Waldrand entlanglaufen.

Ein Feldweg stößt von links oben zu uns und bringt uns die Gesellschaft der Traumschleife Rheingold, die uns heute bis zum Abzweig nach Hirzenach begleiten wird.

Unser nächstes Zwischenziel ist jedoch die Siedlung der Wochenendhäuser nahe der Hangkante. Dort wechseln wir aus der Wiesenumgebung wieder in den bewaldeten Bereich. Gedämpft vernehmen wir die Geräusche des Rheintals, doch dann fesselt ein grandioser Rheinblick unsere volle Aufmerksamkeit:

Nach **11.4 km** bietet sich am „Wingertsberg" ein kleiner Rastplatz an, um diese wirklich welterbewürdige Aussicht auf Vater Rhein zu genießen!

Wer es noch etwas spektakulärer möchte, der läuft noch 200 m weiter zum Wilpertskopf, wo neben einer großen Holzfigur eine urbequeme und perfekt positionierte Sinnesbank zur Pause einlädt.

Nicht nur das Rheintal liegt im Blickfeld, auch Hirzenach und einen Teil der kommenden Etappe nach Boppard können wir bereits in Augenschein nehmen und ahnen sogleich: Dieser Aufstieg von der Europakanzel bergan wird uns einige Kräfte abverlangen ...

Doch heute müssen wir uns damit nicht belasten und ver-

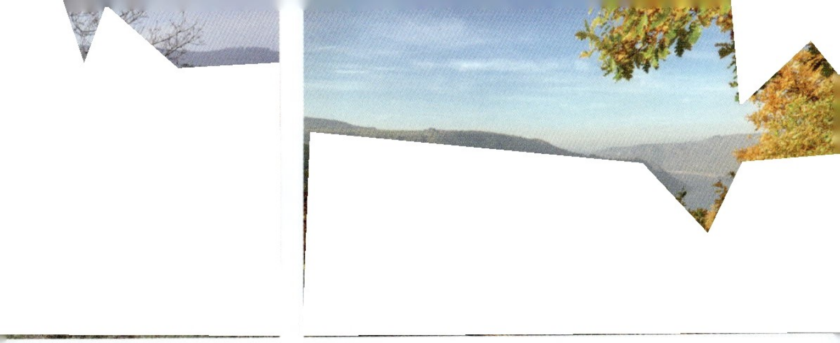

weilen einfach noch etwas an diesem idyllischen Aussichtspunkt. Anschließend folgen wir dem herrlichen Pfad durch urigen Eichenniederwald abwärts.

Am Rastplatz Elberheide knickt der Pfad ins Padelsbachtal ab und führt uns kontinuierlich talwärts.

Nach dem Abstieg biegen wir an einem Wegweiser scharf rechts auf einen Wirtschaftsweg ab und queren wenig später den Tempusbach.

Von hier dauert es nicht mehr lange, bis wir nach **12.8 km** am Abzweig nach Hirzenach **(7)** stehen und den Welterbesteig für heute verlassen.

**ZUWEG:** *Um nach Hirzenach zu gelangen, biegt man rechts ab und folgt dem streckenweise etwas steinigen Weg stramm bergab. Es geht vorbei an alten Weinbergsmauern bis zu den ersten Häusern. Kurz darauf mündet der Fußweg an der Kirche auf die Kirchstraße, der man nach rechts bis zur Rheinstraße folgt. Wer zum Bahnhof will, biegt hier rechts ab und erreicht nach* **0.9 km** *Zuweg den Bahnhof von Hirzenach.*

## FAZIT

Die Tour verlangt streckenweise sehr gute Kondition und Trittsicherheit. Einige An- und Abstiege sind recht steil und v.a. bei Nässe teilweise auch rutschig. Daher ist festes Schuhwerk wichtig und Stöcke sind hilfreich.

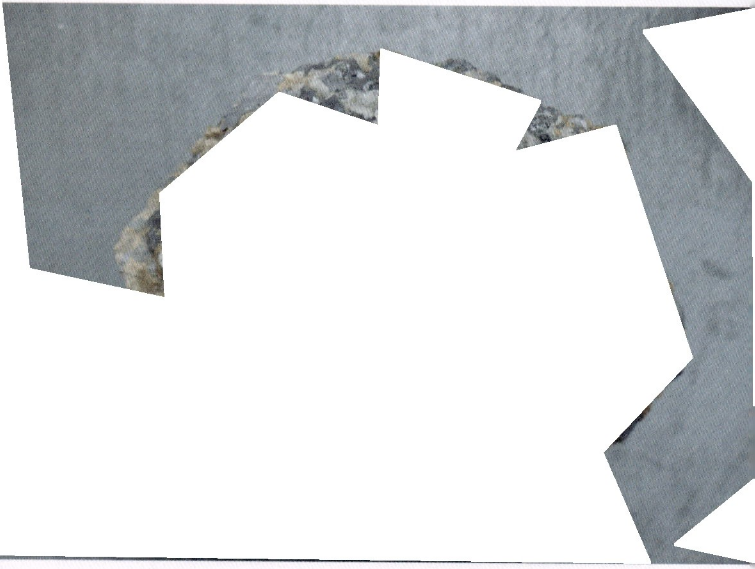

## Bergbau am Mittelrhein

*Was kaum jemand weiß: Im Mittelrheintal wurde bereits im 16. Jahrhundert Erz abgebaut. In der Grube Gute Hoffnung (die auch Grube Prinzenstein genannt wurde) gab es zwei Stollen. Abgebaut wurden Blei, Zink, Kupfer und Silber, in Bändern, die den Schiefer durchzogen. Im 19. Jahrhundert existierte ein weit verzweigtes Stollennetz, die Erzaufbereitung fand in St. Goar statt. Damals war die Grube Gute Hoffnung die modernste und effizienteste Blei-Zink-Grube Deutschlands. Doch starke wirtschaftliche Schwankungen führten zum Konkurs. 1934 wurde der Abbau, nun gemeinsam mit den rechtsrheinischen Gruben in Wellmich und Ehrental, als Grube Consolidierte Gute Hoffnung wiederbelebt. Damals entstand in 150 m Tiefe ein 1950 m langer Stollen unter dem Rhein, die „Rheinstrecke", durch die Arbeiter und Erz von einer Flußseite zur anderen gelangten. Mit Ende des 2. Weltkrieges wurde der Betrieb eingestellt, die Stollen und der Tunnel liefen voll Wasser.*

Tourist-Info Hunsrück-Mittelrhein, Rhein-Mosel-Str. 45, 56281 Emmelshausen, ✆ 06747/93220, ⓘ www.hunsrück-mittelrhein.de ▪ Tourist Information Boppard, Marktplatz, 56154 Boppard, ✆ 06742/3888, ⓘ www.boppard-tourismus.de

Gasthaus zum Anker, Rheinstr. 70, 56154 Hirzenach, ✆ 06741/1683, ⓘ www.gasthaus-zum-anker-hirzenach.de

Weinhotel Landsknecht, Aussiedlung Landsknecht 4-6, 56329 St. Goar-Fellen, ✆ 06741/2011, ⓘ www.hotel-landsknecht.de ▪ Gasthaus zum Rebstock, Rheinstr. 87, 56154 Hirzenach, ✆ 06741/2539, ⓘ www.rebstock-hirzenach.de

Wohnmobilstellplatz am Reiterhof, Auf dem Flürchen, Reiterhof Pabst, 56329 St. Goar-Biebernheim, ✆ 06741/383, ⓘ www.st-goar.de ▪ Campingplatz Loreleyblick, An der Loreley 33, 56329 St. Goar, ✆ 06741/2066, ⓘ www.camping-loreleyblick.de

Sowohl St. Goar als auch Hirzenach haben einen Bahnhof und sind im Stundentakt über den regionalen Zugverkehr (Mittelrheinbahn) erreichbar. ⓘ www.mittelrhein-bahn.de

Taxi Erdmann, ✆ 06741/7738 ▪ Taxi Pabst, ✆ 06741/7011 ▪ Taxi Kremser, ✆ 06742/5530 ▪ Taxi Gras, ✆ 06742/82188

Der Alpinpfad erfordert sehr gute Trittsicherheit. Auch die Waldpassagen rund um den Prinzenstein oder die Pfade beim Wilpertskopf setzen sehr gute Trittsicherheit und erhöhte Aufmerksamkeit voraus.

Hunde können die Tour problemlos absolvieren. Unterwegs gibt es keinen dauerhaft zuverlässigen Zugang zu offenem Wasser.

# 07 Hirzenach - Boppard

Welterbesteig

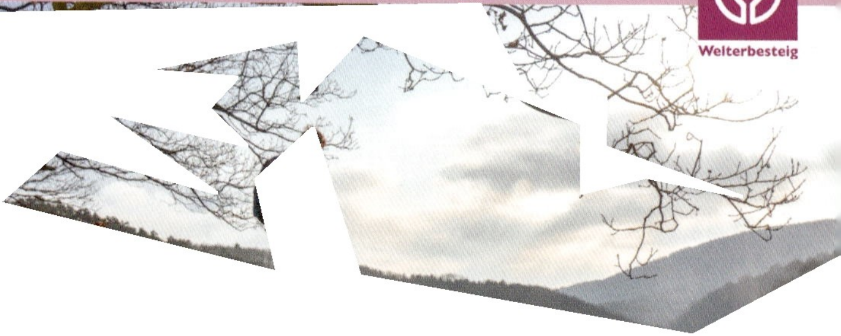

| 17,3 (+1,8) | 5h 45min | 689 763 | 249 | 1396 1637 | |
|---|---|---|---|---|---|
| km | Gehzeit | ↑ Aufstieg / Abstieg ↓ | Höchster Punkt | Minimale / maximale Kalorienzahl (Frau / Mann) | Download WESX7X4 |

**Start:** Abzweig Hirzenach
**Ziel:** Boppard Nord (Talstation)

**Anfahrt:** Entlang des Rheins auf der B 9 nach Hirzenach, Bad Salzig und Boppard. Von der A 61 (Abfahrt Boppard) gelangt man über die L 209 nach Boppard.

**Parken:** Hirzenach, Rheinstraße Bf.
N50° 10′ 31.3″ • E7° 38′ 53.0″

Bad Salzig, Salzbornstraße
N50° 12′ 08.6″
E7° 37′ 33.9″

Boppard, Parkdeck Marienberg
N50° 13′ 47.8″
E7° 35′ 45.3″

scan to go®

Boppard, Remigiusplatz/Mühltal
N50° 14′ 08.3″ • E7° 34′ 38.3″

**Wegpunkte:**

**P1** Abzweig Hirzenach
32 U 403130 5558939

**P2** Abzweig Weiler
32 U 402680 5560865

**P3** Bad Salzig, Abzweig Bahnhof
32 U 402129 5562219

**P4** Thonethöhe
32 U 400600 5564665

**P5** Marienberger Park, Abz. Boppard Süd
32 U 399788 5564578

**P6** Sabelskopfhütte
32 U 398528 5565058

**P7** Boppard Nord (Talstation)
32 U 398497 5565733

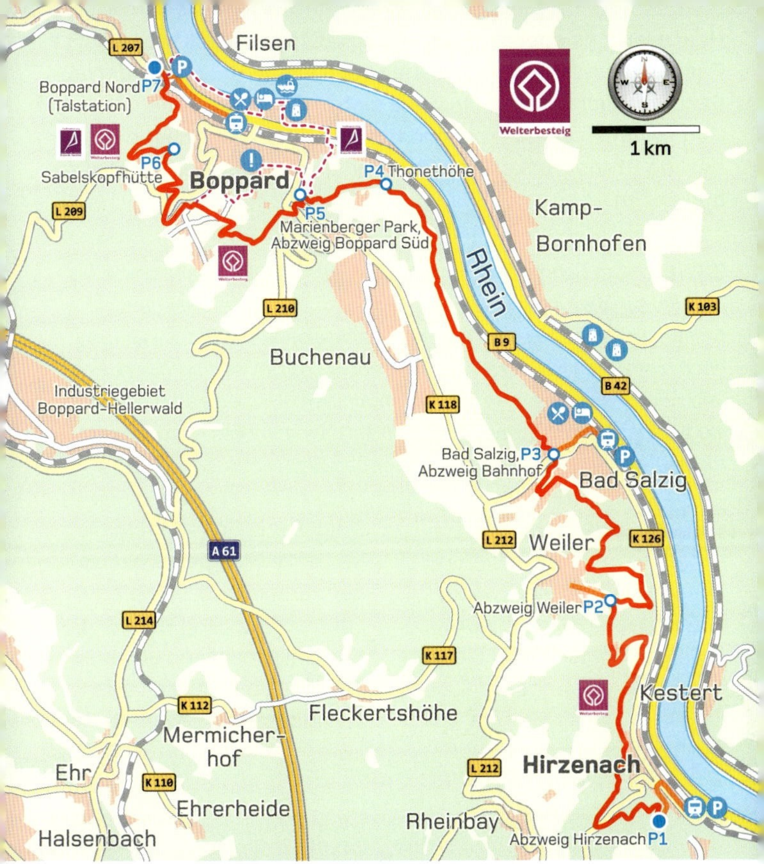
Filsen
L 207
Boppard Nord P7
(Talstation)
Welterbesteig
1 km
P6
Sabelskopfhütte
Boppard
L 209
P4 Thonethöhe
P5
Marienberger Park,
Abzweig Boppard Süd
Kamp-
Bornhofen
Rhein
L 210
K 103
B 9
Buchenau
B 42
Industriegebiet
Boppard-Hellerwald
K 118
Bad Salzig, P3
Abzweig Bahnhof
Bad Salzig
L 212
Weiler
K 126
A 61
Abzweig Weiler P2
L 214
K 117
Kestert
K 112
Fleckertshöhe
Mermicher-
hof
Ehr
K 110
L 212
Hirzenach
Ehrerheide
Rheinbay
Abzweig Hirzenach P1
Halsenbach

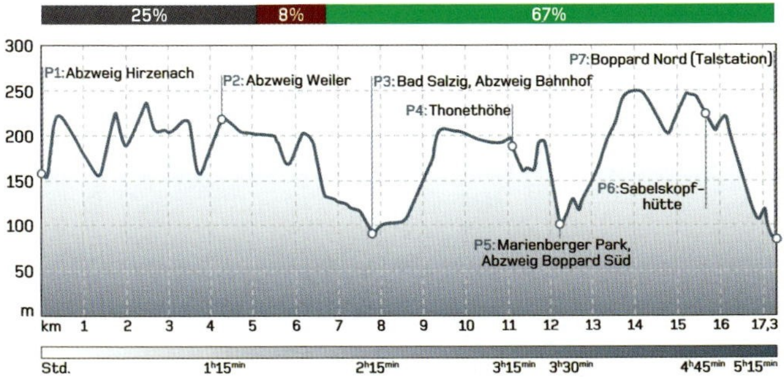
25%
8%
67%
300
250
200
150
100
50
m
P1: Abzweig Hirzenach
P2: Abzweig Weiler
P3: Bad Salzig, Abzweig Bahnhof
P4: Thonethöhe
P5: Marienberger Park,
Abzweig Boppard Süd
P6: Sabelskopf-
hütte
P7: Boppard Nord (Talstation)
km 1 2 3 4 5 6 7 8 9 10 11 12 13 14 15 16 17,3
Std. 1h15min 2h15min 3h15min 3h30min 4h45min 5h15min

**Heute wird es sportlich: Die Königsetappe bietet traumhafte Passagen und Aussichten, aber auch einige Herausforderungen. Glücklicherweise lässt sie sich in Bad Salzig oder Boppard Süd teilen. Belohnt wird man für die Mühen mit einigen der besten Pfadstrecken und Panoramen, die das Welterbetal zu bieten hat.**

**ZUWEG:** *Vom Bahnhof Hirzenach aus folgt man der Rheinstraße, bis man links in die Kirchstraße abbiegen kann. Bei erster Gelegenheit weisen die Logos links auf einen steil ansteigenden Pfad. Zunächst noch hinter den Häusern, bald aber entlang alter Weinbergsmauern und Hecken erobert man nun mit strammem Anstieg den Berg. Nach insgesamt* **0.9 km** *Zuweg und knapp 100 Höhenmeter Anstieg trifft man an einem Wegweiser wieder auf den Welterbesteig* **(1)**.

Wir sind also schon gut aufgewärmt, als wir die Spur des Welterbesteigs wieder aufnehmen, der uns heute auf der Königsetappe bis zum Nordrand von Boppard führen wird.

Doch keine Angst: Wem die gesamte Etappe zu viel ist, der kann in Bad Salzig oder auch am Abzweig Boppard Süd unterbrechen und die Strecke so halbieren oder zumindest verkürzen.

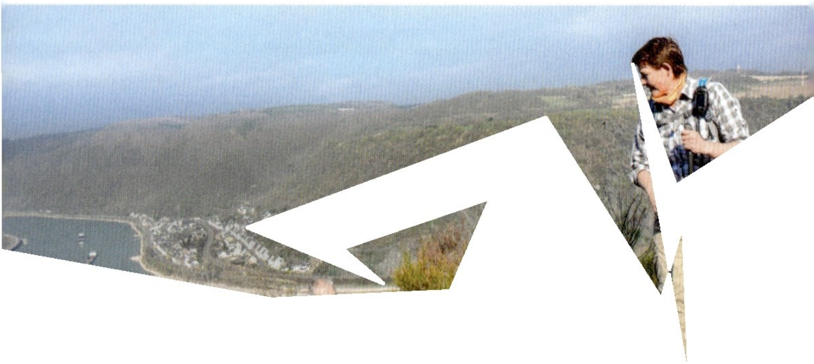

Bis wir diese Entscheidung treffen müssen, widmen wir uns erst mal dem Steig. Der führt mit sanftem Gefälle auf bequemem Weg gleich zu einem Höhepunkt: der Schutzhütte Europakanzel. Hier präsentiert sich wieder einer dieser Welterbe-Premiumblicke. Wir kosten das sagenhafte Panorama in Ruhe aus.

Danach wird es sportlich, denn der Welterbesteig schickt uns gemeinsam mit der Traumschleife Rheingold scharf links auf ein enges Weinbergstreppchen. Anschließend gilt es auf engem Pfad, teils mit Seilsicherung, einen steilen Grat zu erklimmen. Nach halber Strecke steht eine Bank zum Verschnaufen bereit, und wir belohnen uns mit einer tollen Aussicht. Nach der verdienten Pause geht es weiter bergwärts. Glücklich, wer hier im Frühsommer wandert, denn dann sorgt die Blütenpracht der Ginster am Wegesrand für leuchtende Ablenkung.

Schritt für Schritt erobern wir den Hang und atmen erleichtert durch, als wir nach **0.4 km** an einer weiteren Bank auf einen Waldweg nach rechts wechseln dürfen und der Steilanstieg geschafft ist. Der Weg senkt sich nun sogar sanft ab und offenbart in lauschiger Waldumgebung so manchen Einblick

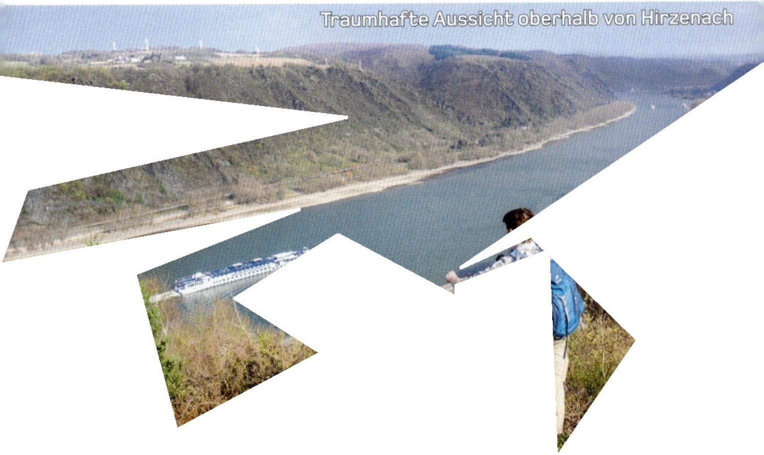

Traumhafte Aussicht oberhalb von Hirzenach

in den felsigen Untergrund des Rheintals. Bald erreichen wir das Padelsbachtal und queren dort die K 115. Auf der anderen Seite wenden wir uns nach links, laufen um eine enge Rechtskurve und verlieren auf dem befestigten Wirtschaftsweg noch etwas an Höhe. Lange währt diese entspannte Phase nicht, denn schon schicken uns die Logos scharf links auf einen Pfad, der sich den Berg emporschlängelt.

Uns ist schon nach wenigen Schritten klar: Das wird wieder anstrengend …
Zum Glück gibt es nach den Steilstücken immer wieder flachere Passagen, und die artenreiche Natur sorgt für Abwechslung. Im Frühjahr, wenn die Äste noch kahl sind, erhaschen wir schöne Durchblicke zum Rhein. Eine besonders schöne Aussicht bietet sich nach strammem Anstieg von einer Bank aus.

Danach geht es mal wieder runter, bis wir nach **2 km** an der Aussicht Probsteigarten von einer herrlich bequemen Sinnesbank einen grandiosen Blick auf Hirzenach und das Rheintal auskosten können.

Nach der verdienten Pause gewinnen wir erneut an Höhe, bis wir an einem Wegweiser auf einen breiten Waldweg treffen. Hier biegen wir zunächst rechts auf den breiten Weg ab, dürfen aber nur wenige Schritte später rechts auf einen urigen Pfad wechseln, der uns durch den lichten Niederwald direkt an die Hangkante führt.

Hier verlassen wir den Wald und wandern zwischen Wiesen und Gehölzen über das offene Hangplateau. Knorrige Solitärbäume, üppige Ginster und dichte Hecken verzaubern uns, doch es sind wieder die Aussichtsbastionen, die der Szene die Krone aufsetzen.

So spüren wir nach **2.9 km** am Rastplatz an der Ploweslay intensiv den Flair der Rheinromantik, und auf dem Wegstück zur nur 150 m entfernten Aussicht am Ginsterstück komplettieren auch noch die trutzigen Burgen der Feindlichen Brüder die grandiose Szene. Kein Zweifel, hier wird dem Welterbe mal wieder alle Ehre erwiesen.

Im Bogen führt uns der Welterbesteig weg vom Rhein, und nach kurzer Waldpassage lädt auf einem Felssporn eine geschwungene Sinnesbank zum Blick ins Weilerbachtal ein. Wenig später verlässt uns am Abzweig des Eselspfades die Traumschleife Rheingold, und wir wenden uns am Wegweiser rechts dem Weilerbachtal zu.

Lange dauert dieser Abstieg nicht, dann schwenken wir mit einem Knick nach rechts auf den Talweg, wo auch schon die Traumschleife Fünfseenblick verläuft. Wir verlieren noch ein paar Höhenmeter, bis wir an einer Furt den Weilerbach queren und an einer Weggabelung links bergan Richtung Weiler wandern.

Bald weicht der Wald, und wir können den Blick Richtung Rheintal schweifen lassen. Wir erkennen eine Fahne neben einer Skulptur: Dort werden wir selbst bald stehen.

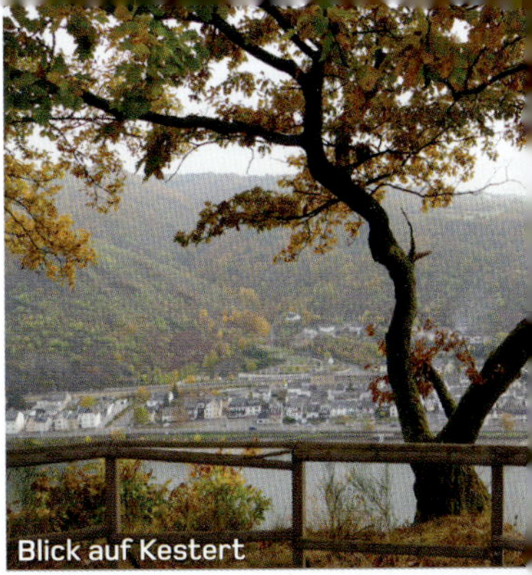
Blick auf Kestert

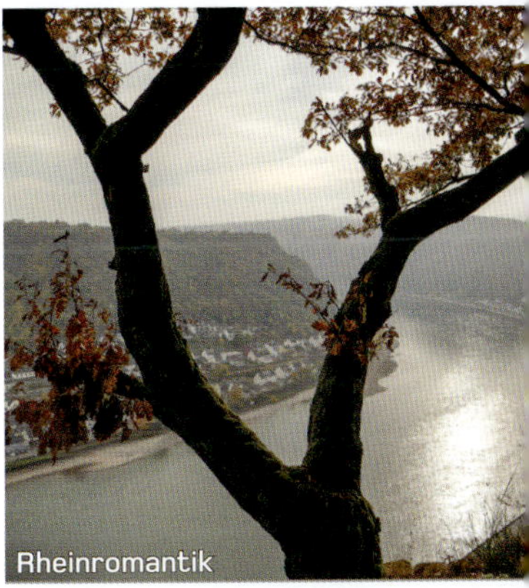
Rheinromantik

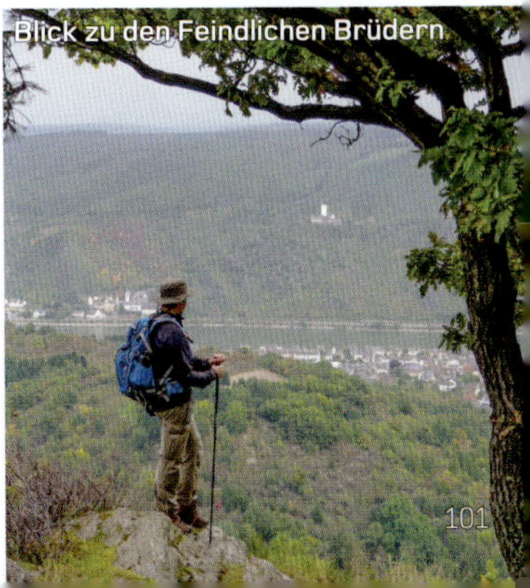
Blick zu den Feindlichen Brüdern

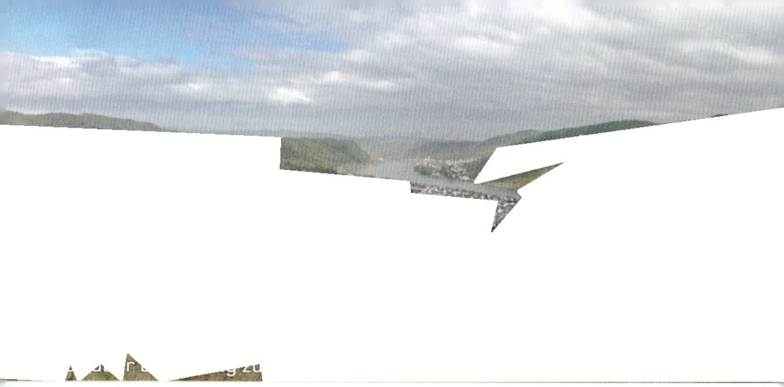

Zuvor passieren wir eine kunstvolle Trockenmauer mit Steinkreuz und erreichen nach **4.3 km** den Abzweig ins nahe Weiler **(2)**.

Wir halten uns am Wegweiser rechts und folgen einem Feldweg in die offene Flur. Bei erster Gelegenheit biegen wir rechts auf einen Wiesenweg ab, der uns im Bogen am Gehölzrand entlang und an Bänken nebst Aussicht vorbei bis zur Felsenkanzel Ziehlay führt.

Und da ist sie dann, die Skulptur an der Fahne. Wie uns eine Tafel erläutert, handelt es sich dabei um die Betende Nonne, eine Holzfigur, die einem früheren Felsen nachempfunden ist. Darüber hinaus bietet uns die Ziehlay hoch über dem Rheintal aber auch noch eine erstklassige Aussicht, Rastplatz sowie Bank stehen zur entspannten Pause bereit.

Wir reißen uns los, passieren die nahe Schutzhütte und folgen dem Pfad entlang der Hangkante. Und schon zieht uns der nächste idyllische Aussichtspunkt in Bann: Einige Stufen führen zu einer geschwungenen Bank, die uns einen traumhaften Logenplatz bietet.

Wir folgen dem Heckenrand und passieren kurz darauf mit dem Wingertsblick einen weiteren schönen Ausblick, bevor wir uns an einem Asphaltweg nach links wenden. Doch schon

100 m später schickt uns ein Wegweiser rechts auf einen Wiesenweg. Allmählich rücken Gehölze näher an den Weg, und schließlich dürfen wir nach **5.5 km** rechts auf einem Pfad ins Grün abbiegen.

Wir passieren eine Sinnesbank und verlieren auch über einige Stufen etwas an Höhe. Dann liegt das Waldstück auch schon hinter uns und wir queren einen Wirtschaftsweg. Unser Pfad führt an dieser Stelle geradeaus weiter und bald sind wir eingetaucht in die zauberhafte Welt des Ziehbachtales.

Wilde Lianen der Waldrebe verleihen der Passage einen Urwaldcharakter, während wir zunächst noch Höhe verlieren. Doch eines ist uns da schon klar: Bestimmt müssen wir gleich wieder bergan. Diese Ahnung wird erfüllt, denn an einer Pfadverzweigung weisen die Logos links bergan. Die Vegetation wird niedriger, der Pfad steiler und teils helfen uns Stufen, den Anstieg zurück auf das Rheinplateau zu meistern. Dann ist es geschafft, wir sind mal wieder oben, und als wir vorne die Hangkante erreichen, lädt wieder eine perfekt platzierte Sinnesbank zum aussichtsreichen Verschnaufen ein. Ein Wegweiser schickt uns links auf einen tollen Pfad, der Abenteuer verspricht und liefert, denn er schlängelt sich mal im Gehölz, mal außerhalb, aber stets nah der Hangkante Richtung Bad Salzig.

Dabei passieren wir eine weitere Sinnesbank mit fabelhafter Aussicht, die allerdings nach **6.5 km** noch übertroffen wird, als wir etwas tiefer auf einer Felsklippe einen Rastplatz und eine Sinnesbank erreichen und uns nicht nur Bad Salzig zu Füßen liegt, sondern auch noch die Feindlichen Brüder am anderen Ufer zum Greifen nahe scheinen. Während wir das Panorama genießen, wird uns bewusst: Ja, auch das ist wieder ein echter Welterbemoment!

Von der Klippe senkt sich der Welterbesteig weiter talwärts, was bei Nässe sehr gute Trittsicherheit erfordert. Dann flacht der Weg ab, und die Vegetation öffnet sich. Wir passieren den Sportplatz von Bad Salzig und die ersten Häuser und treffen am Rand eines Neubaugebietes auf die Straße Rheinblick.

Hier wenden wir uns nach links und folgen der Straße auf dem Gehweg, bis wir rechts in den Kurpark abbiegen dürfen. Dort wandern wir über einen Serpentinenweg abwärts, bevor es auf halber Hanghöhe rechts durch die gepflegte Anlage geht. Die Traumschleife verlässt uns, und an einer Gabelung laufen wir links, schrauben uns weiter bergab und erreichen nach einigen Schlenkern neben dem Quellpavillon die Römerstraße **(3)**.

Uns zieht es aber weiter nach Boppard: Daher nutzen wir den Fußweg hinauf zum Hüttenweg, an dem wir uns links halten. So gelangen wir in den Wehrweg, dem wir nach rechts folgen. Bei erster Gelegenheit weisen uns die Logos den Weg nach links auf einen Feldweg.

Gleich nach dem letzten Haus biegen wir rechts ab und wandern zwischen Gärten und Wald zum Ortsrand. Dort behalten wir die Richtung zunächst bei, erst bei einer Verzweigung nach **8.5 km** nutzen wir den linken Weg, um den Rückanstieg aufs Rheinplateau zu beginnen.

Wir befinden uns mittlerweile im urigen Niederwald und gewinnen jetzt stetig an Höhe. An einer Felsklippe bekommen wir Gesellschaft, denn hier stößt die Traumschleife Marienberg von links dazu. Wir umrunden die Klippe und freuen uns über die Bank, die uns eine willkommene Verschnaufpause bietet.

Im Anschluss schaffen wir die letzten Meter bergan problemlos und verlassen nach **9.4 km** an einem Wegweiser den Hangwald. Wir biegen rechts auf einen Wirtschafts-

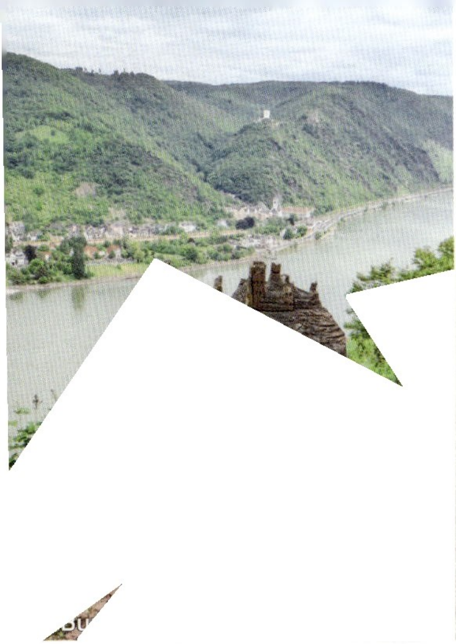

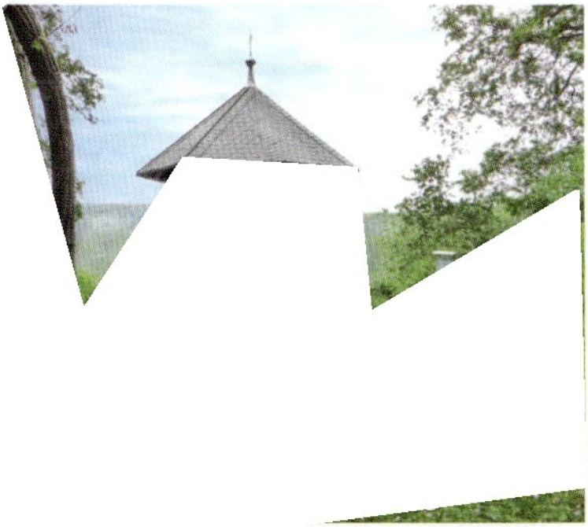

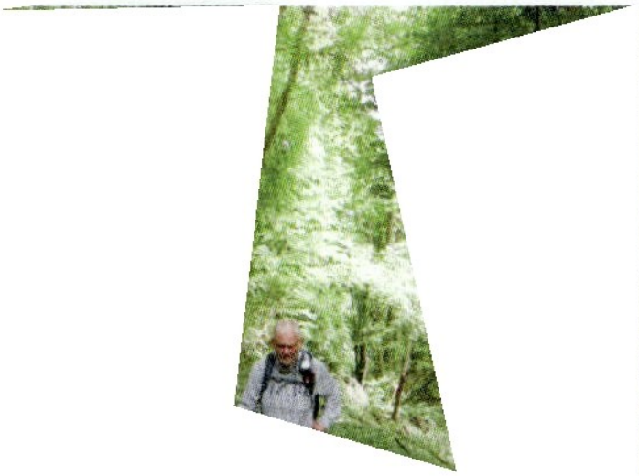

weg ab und freuen uns, als wenig später an der Hangkante eine Sinnesbank bereitsteht, um den tollen Blick auf die Burgen der Feindlichen Brüder auszukosten.

Nur 100 m später dürfen wir den breiten Weg verlassen und rechts auf einen Pfad wechseln. Der führt uns unmittelbar an der Hangkante entlang und bringt uns erst an die Aussicht „Steinerner Mann" und wenig später noch zu „Baedekers Ruh". Von beiden Punkten ergeben sich herrliche Rheintalblicke.

Nach **11 km** trennen wir uns vom Rheinburgenweg, biegen an einer Gabelung nach rechts und stehen kurz darauf am filigranen Tempel auf der Thonethöhe **(4)**. Boppard liegt perfekt im Blickfeld, und auch den Verlauf des Rheinsteigs durch die Filsener Ley auf der rechten Rheinseite können wir prima in Augenschein nehmen.

Nach ausgiebiger Rast folgen wir dem kurvenreichen Pfad noch etwas, biegen aber in einer Rechtskehre nach links in den Wald ab. Dort verlieren wir weiter an Höhe, bevor es durch dschungelartigen Urwald ein kurzes Stück eben weitergeht. Dann schwingt sich der Welterbesteig erneut bergwärts. Stramm führt der Pfad uns aufwärts, bis wir eine Heckenzone erreichen und tief durchatmen.

Kurz darauf treffen wir auf einen Waldweg, halten uns rechts und stehen wenig später an der Schutzhütte Eisenbolz. Der Ausblick auf Boppard und den Bopparder Hamm ist grandios.

Doch nach **12.2 km** ist es geschafft: Wir haben den Marienberger Park im Süden Boppards **(5)** erreicht und können an dieser Stelle per Zuweg rechts in die Stadt oder zum Bahnhof wandern. Und auch hier die Etappe abkürzen oder teilen.

Wir aber wollen die gesamte Königsetappe bis zur Talstation an der Mühlstraße im Norden Boppards absolvieren. Daher biegen wir am Wegweiser links ab und nutzen die Unterführung der K 118.

Auf der anderen Seite wenden wir uns rechts auf einen Pfad, der zwischen Straßendamm und einer Weide durchs Grün führt. Nach einer Linkskurve steigen wir bergan und gelangen so zur L 210. Wir queren die Straße und laufen pfadig in den Wald. Mit etwas Auf und Ab nähern wir uns dem Bruder Michels Tal, wo wir den Bach queren und an einem Wegweiser nach **12.7 km** auf den Talweg stoßen.

Schnell hüllt uns der dichte Wald ein, und der Straßenlärm verklingt. Einen Steg und

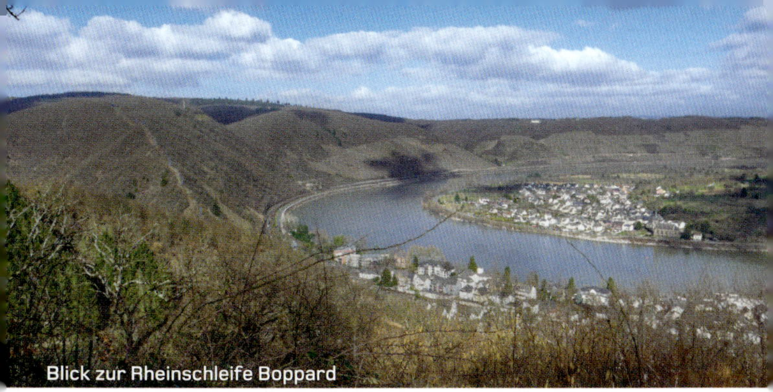
Blick zur Rheinschleife Boppard

einen links abzweigenden Pfad ignorieren wir und folgen dem plätschernden Bach talaufwärts. An einem Wegweiser verabschiedet sich die Traumschleife Marienberg von uns, wir biegen rechts auf einen Pfad ins Josefinental ab.

Über Serpentinen gewinnen wir stramm an Höhe, laufen dann aber auf halber Hanghöhe fast eben weiter talaufwärts. So nähern wir uns dem Bach wieder an, bis uns erneute Serpentinen etwas an Höhe gewinnen lassen.

Nach **13.4 km** queren wir an einem Felsen den Josefinenbach und beginnen rechts den Ausstieg aus dem stillen, sehr idyllischen Tal. Es geht deutlich bergan, bis wir schließlich auf einen querenden Waldweg stoßen.

Ein Wegweiser schickt uns nach links, und bald öffnet sich der Wald. Vor uns liegen die Wiesen des Kreuzbergs. Am Versorgungshaus des Lagerplatzes biegen wir rechts ab, wandern an Weiden entlang, passieren einen Funkmast und stoßen nach **14.2 km** auf eine Straße. Hier mündet von rechts der Stadtwanderweg Boppard (▶ Tour 7b) ein, der uns nun bis zum Etappenende begleiten wird. Wir folgen der Straße talwärts und kommen dabei am Rastplatz bei „Benners Weitsicht" vorbei, wo sich ein schöner Blick zur Rheinschleife öffnet.

Unsere Straße trifft in einer engen Kurve auf die L 209. Vorsichtig queren wir sie und folgen einem schmalen Pfad rechts hinunter ins Fraubachtal. Dort wechseln wir links auf einen ansteigenden Pfad, der uns durch dichten Wald wieder bergan führt. Kurz bevor wir wieder an der L 209 eintreffen, knickt der Pfad scharf rechts ab und windet sich nun durch die Hangflanke hinauf zum Sabelsfelsen.

Dort erwartet uns nach **15.2 km** nicht nur eine Felsklippe, sondern auch eine sagenhaft schöne Aussicht und Rastgelegenheit, die wir dankbar annehmen. Erholt nehmen wir den letzten Abschnitt der heutigen Etappe in Angriff.

Dazu folgen wir dem nun fast ebenen Welterbesteig aus dem Wäldchen in offenes Terrain. Vorbei an eingezäunten Weiden kommen wir zu einer Wegkreuzung, an der von links die Traumschleife Elfenlay zu uns stößt. Gemeinsam wenden wir uns nach rechts und erleben auf dem Weg zum Waldrand eine herrliche Mischung aus Offenlandschaft, Streuobstbäumen und Hecken.

Kurz nachdem wir wieder in den Wald eingetaucht sind, bekommen wir nach **15.7 km** an der Sabelskopfhütte **(6)** noch einmal Gelegenheit zur wohlverdienten Pause, tolle Aussicht inklusive. Die folgende Pfadpassage wird spannend und sehr kurzweilig: Gerade wandern wir noch stramm bergab, schon schwingt sich der Steig an einer Weggabelung noch einmal links bergan. Wir passieren einen mächtigen Felsen, und der Pfad windet sich durch uriges Gehölz. Schließlich erreichen wir den Burdenbach, queren ihn und biegen rechts auf einen schmalen Weg ab.

Alte Weinbergsmauern begleiten den Abstieg, und bald eröffnen sich einzigartige Blicke auf die markante Silhouette Boppards. Unmittelbar vor dem ersten Haus schicken uns die Logos nach **16.9 km** nach links auf einen Pfad.

Oberhalb von Gärten queren wir den Hang und passieren am Ende einen kleinen Fichtenwald, bevor wir durch ein Wildschutzgatter einen Garten betreten. Auch am unteren Ende geht es durch eine Gittertüre, dann stehen wir auf der Sackgasse vor einer Weinstube.

Wir folgen der Straße abwärts und nutzen die Bahnunterführung der Hunsrückbahn. Die Flogtstraße bringt uns die letzten Meter hinab ins Mühltal (7), wo sich links die Talstation der Sesselbahn und der Wegweiser für die Folgeetappe nach Rhens befinden.

Wir beenden an dieser Stelle nach **17.3 km** diese in vielerlei Hinsicht königliche Etappe des Welterbesteigs.

**ZUWEG:** *Wer in Boppard Quartier beziehen oder zum Bahnhof möchte, biegt rechts ab und erreicht nach* **0.9 km** *Zuweg den Bahnhof und den Rand der Innenstadt. Alternativ kann man auch mit dem Stadtwanderweg am Ufer entlang in die Innenstadt und zur Fähre laufen.*

## FAZIT

Diese Etappe verläuft auf Naturwegen, die bei Nässe rutschig und schwer begehbar sein können. Einige Wegabschnitte erfordern sehr gute Trittsicherheit und Schwindelfreiheit. Wanderstiefel und Wanderstöcke sind wichtig. Aufgrund der Länge und Höhenmeter ist sehr gute Kondition notwendig. Die Etappe ist jedoch gut aufteilbar.

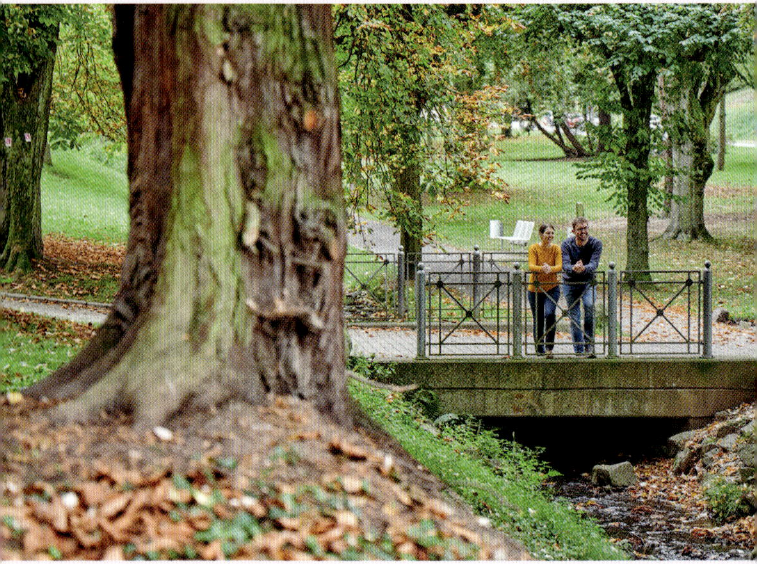

## Heilende Wasser

*Schon Mitte des 18. Jahrhunderts war bekannt, dass es im heutigen Bad Salzig eine Quelle mit salzig schmeckendem Wasser gibt. Doch erst zu Beginn des 20. Jahrhunderts fanden in Bad Salzig erste Erkundungsbohrungen statt. Dabei wurden in Tiefen von 281 m bzw. 449 m im Abstand von mehreren Jahren zwei Mineralquellen erschlossen, womit dem Betreiben eines Heilbades nichts mehr im Wege stand. Die Barbara- und die wärmere Leonorenquelle lieferten kohlensäurereiches und salzhaltiges Heilwasser und ermöglichten 1907 die Eröffnung des Heilbades. Auch heute befindet sich in Bad Salzig noch ein Kurklinikum, allerdings werden die Mineralquellen nicht mehr therapeutisch eingesetzt. Dafür gibt es unweit des klassizistischen Bäderhauses noch immer einen öffentlich zugänglichen Trinkbrunnen. Einladend ist auch der weitläufige und gepflegte Kurpark rund um die Klinik. Vor allem der alte Baumbestand lädt zum Verweilen und Entspannen ein.*

Tourist-Info Hunsrück-Mittelrhein, Rhein-Mosel-Str. 45, 56281 Emmelshausen, 06747/93220, www.hunsrück-mittelrhein.de ▪ Tourist Information Boppard, Marktplatz, 56154 Boppard, 06742/3888, www.boppard-tourismus.de

Weinhaus Heilig Grab, Zelkesgasse 12, 56154 Boppard, 06741/2371, www.heiliggrab.de ▪ Landgasthof Eiserner Ritter, Zur Peterskirche 10, 56154 Boppard-Weiler, 06842/93000, www.eiserner-ritter.de ▪ Weinstube Restaurant Fondel´s Mühle, Mühltal 8, 56154 Boppard, 06742-5775, www.fondelsmuehle.de

Bellevue Rheinhotel, Rheinallee 41, 56154 Boppard, 06742/1020, www.bellevue-boppard.de ▪ Parkhotel Bad Salzig, Römerstraße 38, 56154 Boppard-Bad Salzig, 06742/93930, www.park-villa.de ▪ DAS Ebertor Hotel & Hostel, Heerstr. 172, 56154 Boppard, 06742-8070, www.das-ebertor.de ▪ Baudobriga Rheinhotel, Rheinallee 43, 56154 Boppard, 06742-80550, www.baudobriga.de

Campingpark Sonneneck, An der B 9, 56154 Spay, 06742/2121, www.sonneneck-camping.de ▪ Camping-Freizeitzentrum Brey, Am Rhein 1, 56321 Brey, 02628/8860, www.camping-freizeitzentrum-brey.de

Hirzenach, Bad Salzig und Boppard haben jeweils einen Bahnhof und sind über die Mittelrheinbahn im Stundentakt erreichbar. www.mittelrhein-bahn.de

Taxi Kremser, 06742/5530 ▪ Taxi Gras, 06742/82188

Mehrere Auf- und auch Abstiege dieser Etappe sind sehr steil und verlangen nicht nur bei Nässe sehr gute Kondition und absolute Trittsicherheit.

Die Wegstrecke weist keine unüberwindbaren Hindernisse für Hunde auf. Am Bruder Michels Bach haben Hunde Zugang zum Wasser.

# 07b Bopparder Ansichten

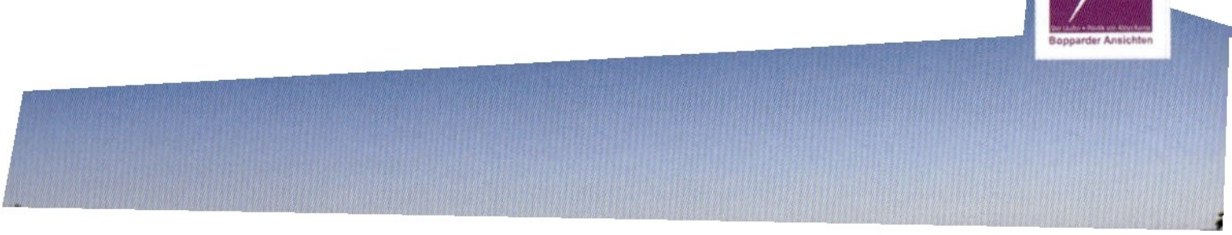

| 8,3 km | $2^h\ 45^{min}$ | 310 ↑↓ | 246 | 650 / 762 | WESX7B3 |
|---|---|---|---|---|---|

**Start/Ziel:** Boppard „Platz der Partnerstädte"

**Anfahrt:** Am Rhein auf der B 9 nach Boppard, oder von der A 61 (Abfahrt Boppard) über die L 209 nach Boppard.

**Parken:** Boppard, Remigiusplatz/Mühltal (Gebühr)
N50° 14′ 08.3″ • E7° 34′ 38.3″
Boppard, Parkdeck Marienberg
N50° 13′ 47.8″
E7° 35′ 45.3″

scan to go®

**Wegpunkte:**

- **P1** Platz der Partnerstädte
  32 U 399343 5565349
- **P2** Burg Boppard
  32 U 399657 5565467
- **P3** Marktplatz und Touristinfo
  32 U 399523 5565345
- **P4** Römerkastell
  32 U 399524 5565258
- **P5** Marienberger Park
  32 U 399777 5564647
- **P6** Treffen Welterbesteig
  32 U 398635 5564547
- **P7** Sabelskopfhütte
  32 U 398528 5565058
- **P8** Remigiusplatz
  32 U 398530 5565730

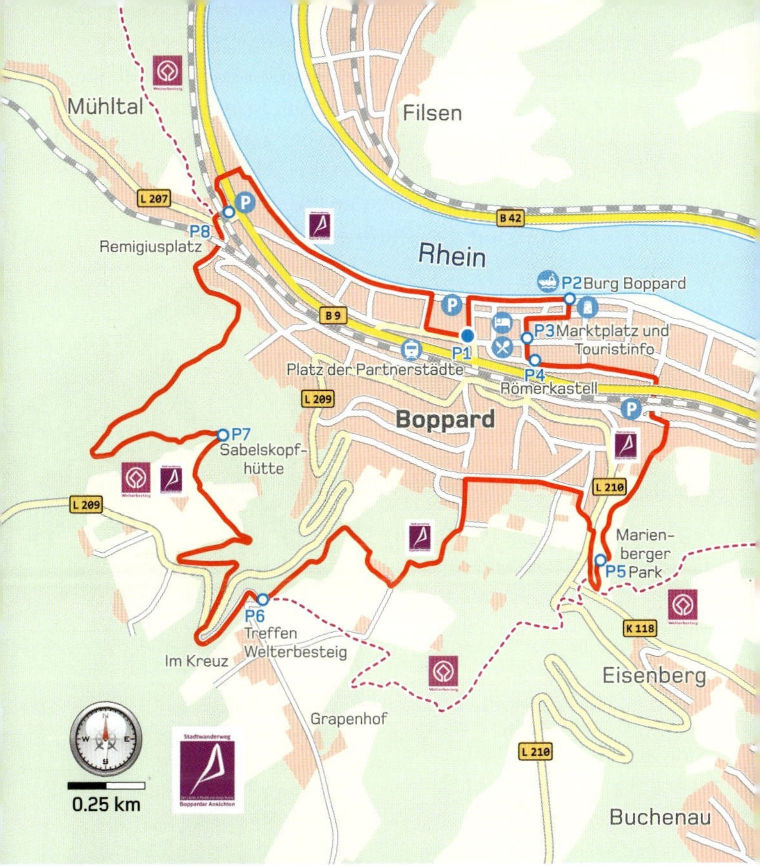

Mühltal
Filsen
L 207
P8
Remigiusplatz
B 42
Rhein
P2 Burg Boppard
P3 Marktplatz und Touristinfo
B 9
P1
Platz der Partnerstädte
P4
Römerkastell
L 209
Boppard
P7
Sabelskopf-hütte
L 209
L 210
Marien-berger
P5 Park
K 118
P6
Treffen Welterbesteig
Im Kreuz
Eisenberg
Grapenhof
L 210
Buchenau
Stadtwanderweg
0.25 km


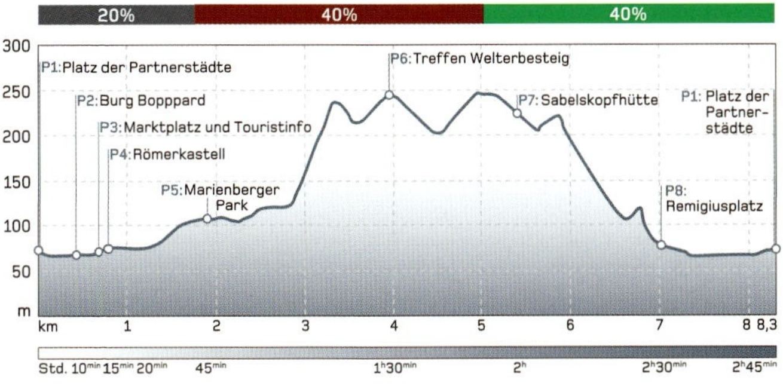

20%
40%
40%
300
250
200
150
100
50
m
P1: Platz der Partnerstädte
P2: Burg Bopppard
P3: Marktplatz und Touristinfo
P4: Römerkastell
P5: Marienberger Park
P6: Treffen Welterbesteig
P7: Sabelskopfhütte
P8: Remigiusplatz
P1: Platz der Partner-städte
km
1
2
3
4
5
6
7
8 8,3
Std. 10min 15min 20min
45min
1h30min
2h
2h30min
2h45min

**Der Premium-Stadtwanderweg „Bopparder Ansichten" ermöglicht uns zur Abwechslung eine spannende Rundtour, die Natur und Kultur trefflich verbindet. Fachwerkidyll, Uferpromenade, Burg und Römerkastell sind nur einige der Höhepunkte, die Boppard zu bieten hat. Vom Marienberger Park aus erobern wir den Kreuzberg und den Sabelskopf und genießen herrliche Ausblicke auf die „Perle am Rhein".**

Heute nehmen wir uns eine Auszeit vom Welterbesteig und erleben dabei eine großartige Tour durch den reichen kulturellen Schatz des Welterbetales hautnah. Wir folgen dem Premiumstadtwanderweg Bopparder Ansichten und drehen eine Runde um die „Perle am Rhein", wie sich Boppard auch gerne nennen lässt.

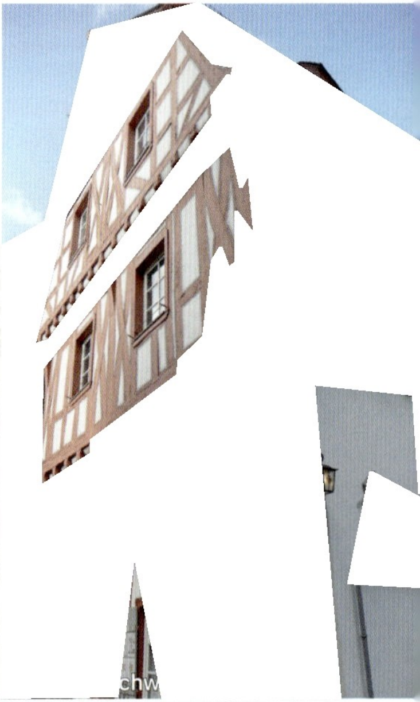

Mitten im historischen Zentrum, am Platz der Partnerstädte, starten wir **(1)**. Markant ragt die Skulptur „Der Läufer" von Aloys Rump auf, die zugleich auch das Logo des Stadtwanderweges prägt.

Entlang des gesamten Weges werden wir immer wieder QR-Codes finden: Die gehören zum digitalen Gästeführer. Wer sie scannt, bekommt pfiffig umgesetzte Videos mit spannenden Detailinformationen direkt aufs Smartphone.

Wir biegen links in die Karmeliterstraße und passieren sogleich ein mächtiges Gebäude, in dem heute die Stadtverwaltung untergebracht ist. Den barocken Stil bekam das Gebäude erst nach einem verheerenden Brand 1730, denn ursprünglich stammt es bereits aus dem 13. Jahrhundert und diente den Karmelitermönchen als Kloster.

Dazu gehörte auch die sehenswerte Karmeliterkirche, an der wir wenige Schritte später vorbeikommen. Ein Blick ins Innere der Kirche lohnt sich wegen der beiden prächtigen Barockaltare und des kunstvoll geschnitzten Chorgestühls aus dem späten 15. Jahrhundert. So sind wir schon nach 100 m auf dem Stadtwanderweg hinreichend beeindruckt und sehr neugierig, was diesen historischen Auftakt noch toppen kann.

Der Stadtwanderweg hält sein Niveau, denn als wir die Rheinallee queren und rechts auf die Uferpromenade abbiegen, ist es einmal mehr Vater Rhein, der uns in seinen Bann zieht. Majestätisch strömt der Fluss und schickt sich an, den Bogen zu schlagen. Beim Blick nach links präsentiert sich der steile Prallhang des Bopparder Hamms, der den breiten Strom in die Kurve zwingt und so die mit 180 Grad größte Schleife des Rheins veranlasst.

Doch uns zieht es entlang der hübschen Uferpromenade flussaufwärts. Vorbei an prachtvollen Fassaden zahlreicher Hotels und Restaurants lassen wir einige Schiffsanleger links liegen.

Eine kleine Fähre nähert sich unserem Ufer, und irgendetwas daran erscheint uns merkwürdig: Die üblichen Auffahrrampen fehlen, wie sind die Autos auf das Schiff gelangt? Noch während wir rätseln, beobachten wir fasziniert das Anlegemanöver.

Die Fähre legt seitlich an der Landungsbrücke an, ein Tor in der Bordwand schiebt sich auf und die Autos manövrieren langsam und geordnet von der „Querfähre" an Land. Diese außergewöhnliche Fähre ist - wie alle anderen Fähren der Region auch - Teil

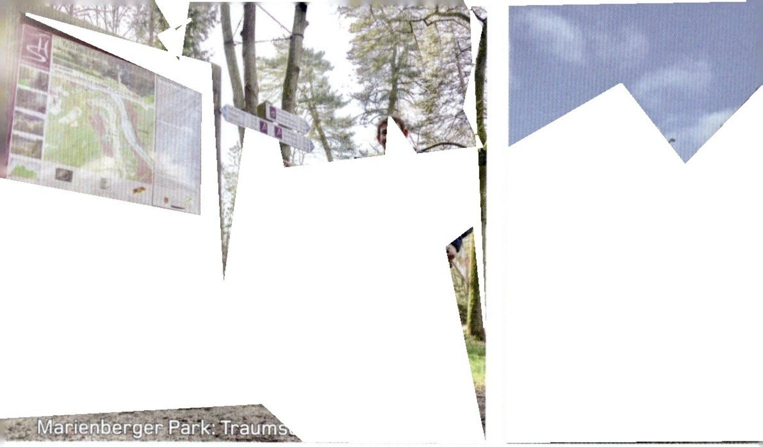

Marienberger Park: Traums

des Welterbes und bietet Einheimischen wie Touristen eine wertvolle Verbindung über den Fluss.

Für uns ist es nach **450 m** Zeit, dem Fluss den Rücken zu kehren und rechts in die Burgstraße abzubiegen **(2)**. Keine Burgstraße ohne Burg, und tatsächlich ragt neben uns schon das nächste historische Gemäuer auf: die kurfürstliche Burg.

Das stattliche Gebäude, in dem heute das städtische Museum untergebracht ist, wurde allerdings nicht, wie lange vermutet, von einem Kurfürsten erbaut. Vielmehr war es der Engländer Richard von Cornwall, der im Jahr 1265 zunächst den mächtigen Bergfried errichten ließ. 1312 folgte die Verpfändung von Stadt und halbfertigem Bergfried an den Kurfürsten von Luxemburg und ab 1327 dann die Vollendung des Bergfrieds und der spätere Ausbau zur Burg.

Die Burg ist auch heute noch beeindruckend, und beim Museumsbesuch kann man unter anderem uralte Fresken aus dem Mittelalter bestaunen. Absolut sehenswert ist natürlich auch die Thonet Sammlung. Nach der Burg folgen wir den Logos rechts

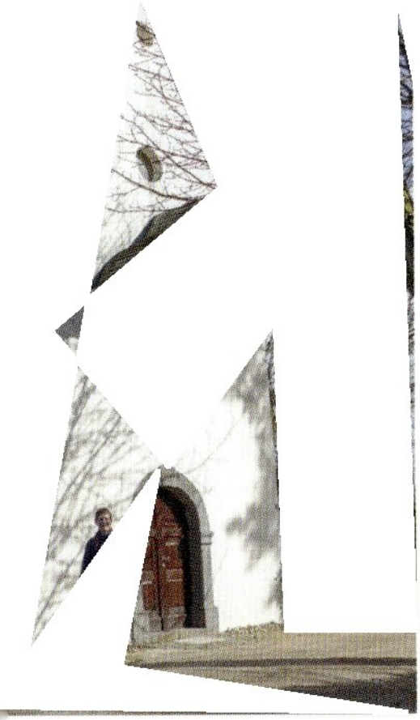

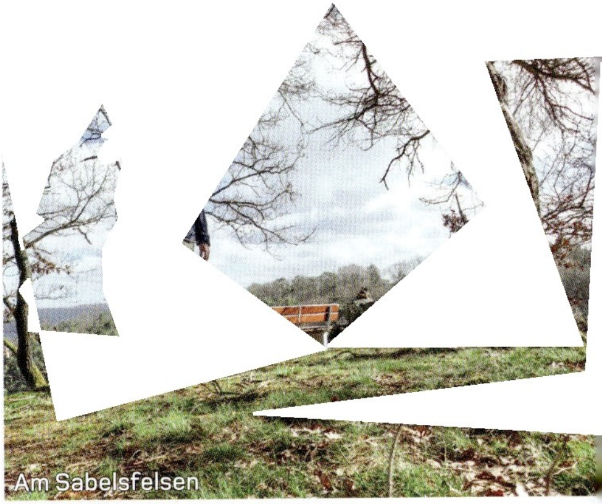

Am Sabelsfelsen

in die Untere Marktstraße und passieren pittoreske Fachwerkhäuser aus dem Hochmittelalter. An der hoch aufragenden St. Severus-Kirche biegen wir links in die Kronengasse und Richtung Marktplatz ab. Das spätromanische Gotteshaus ist außen und innen sehr beeindruckend, und wir zollen den Baumeistern des 13. Jahrhunderts Respekt für diese Meisterleistung der Baukunst.

Zurück in der quirligen Stadt, laufen wir über den Marktplatz, wo wir der Touristinformation **(3)** einen Besuch abstatten können. Dann wenden wir uns mit einem kleinen Versatz erst rechts, wenige Meter später aber wieder links der Kirchgasse zu.

Nach **0.8 km** machen wir innerhalb weniger Schritte eine Zeitreise von etlichen Jahrhunderten, denn als die Häuser zurückweichen und die Logos uns nach links schicken, stehen wir vor den Ruinen des alten Römerkastells **(4)**.

Willkommen im 4. Jahrhundert und in der am besten erhaltenen römischen Befestigungsanlage Deutschlands. Zunächst sehen wir nur ein paar Mauern, doch dann lassen wir uns darauf ein, reisen im Geist zurück in die Zeit der Römer und sehen vor unserem geistigen Auge, wie Legionäre mit alltäglichen Aufgaben beschäftigt sind, während zugleich die wachhabenden Soldaten von den Wehrtürmen aus die Umgebung beobachten.

Die insgesamt über 300 m lange und mehr als 150 m breite Anlage hatte stolze 28 Türme, was auf die einheimische Bevölkerung ausreichend einschüchternd gewirkt haben dürfte.

Nach dem Streifzug durch das Kastell folgen wir der Angertstraße, vorbei an der evangelischen Christuskirche, und erreichen schließlich die „Balz", an der Angertstraße, Steinstraße und Binger Gasse aufeinanderstoßen.

Wir laufen geradeaus in die Binger Gasse und durchschreiten bald das Binger Tor, dessen steinerner Bogen zusammen mit den Stadtmauerresten an die trutzige Befestigung Boppards im Mittelalter erinnert. Kaum haben wir das Tor durchschritten, treffen wir nach **1.2 km** an der Parkstraße ein, wenden uns nach rechts und nutzen die Unterführung der B 9 und der Bahntrasse.

Wir passieren rechts ein Parkhaus und wenden uns vor den mächtigen, wenn auch in die Jahre gekommenen Gebäuden des ehemaligen Benediktinerinnenklosters Marienberg nach links. Das Kloster wurde im 12. Jahrhundert gegründet und war bald weit über die Region hinaus bedeutend.

Nach einem Brand 1738 erfolgte der Wiederaufbau im barocken Stil. 1802 wurde das Kloster aufgehoben, die Gebäude erlebten verschiedene Nutzungen. Seit dem 20. Jahrhundert dient das erweiterte Anwesen als Schule.

Gleich nach dem Hauptgebäude dürfen wir den Abzweig rechts zum Marienberger Park nicht verpassen. Nun beginnt der zweite Teil unsere Stadtwanderung: Nachdem wir auf den ersten **1.4 km** einen weit gespannten Bogen

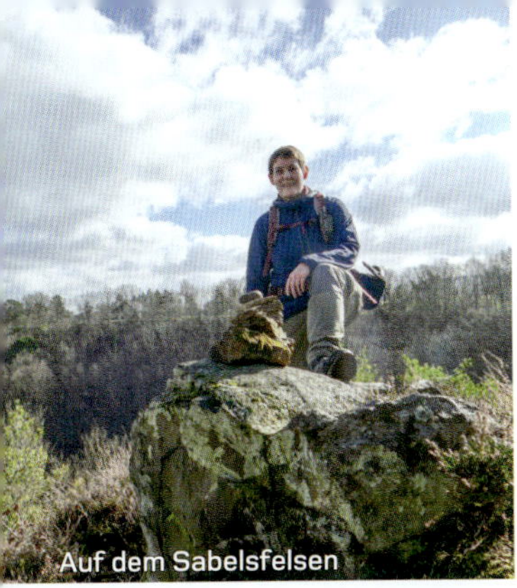

Auf dem Sabelsfelsen

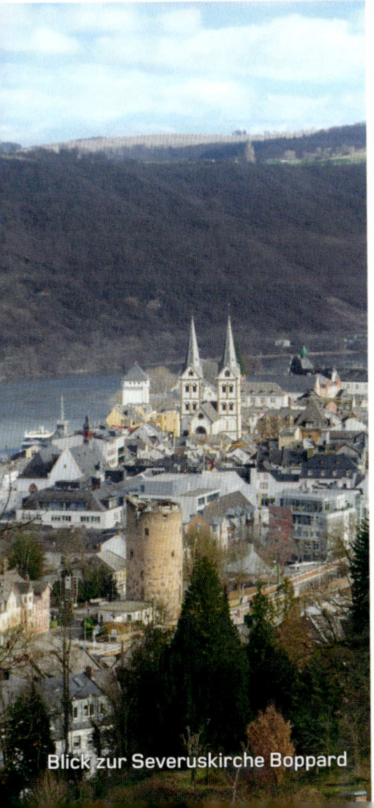

Blick zur Severuskirche Boppard

an kulturellen Höhepunkten erleben durften, rückt nun die Natur in den Vordergrund. Der Weg führt uns in den gepflegten Marienberger Park. Bald bleiben die letzten Ausläufer der Schule zurück, und mächtige Douglasien spenden Schatten und sorgen für würzige Aromen in der Luft.

An einer Gabelung biegen wir rechts ab, passieren das Portal der Traumschleife Marienberg und folgen dem idyllisch plätschernden Bruder-Michels-Bach zu einem malerischen Teich. Bänke laden uns zum Verweilen in dieser Oase am Rand der Stadt ein.

Wir umrunden den Teich **(5)** und sehen etwas links einen Wegweiser des Welterbesteigs, der hier vom Eisenbolz herunterkommt, den Abzweig „Marienberger Park/Boppard Süd" passiert, um sich dann Richtung Bruder Michels Tal bergan zu schwingen (▶ Tour 7).

Wir biegen hier heute allerdings scharf rechts ab und folgen dem sanft ansteigenden Fußweg zur L 210. Der Park bleibt hinter uns zurück, wir erreichen die Straße, queren sie aufmerksam und laufen auf der anderen Seite mit dem „Buchenauer Schulweg" bergan zur Reichenspergerstraße.

Wir befinden uns nun am südlichen Rand des Stadtgebietes und biegen bei erster Gelegenheit links in die Straße „Im Goldenen Stück" ab. Diese trifft nach **2.5 km** auf eine Querstraße: Hier wenden wir uns nach links und folgen „Auf der Zeil" zwischen Schulzentrum und Seniorenheim nach Westen. Nach der berufsbildenden Schule schicken uns die Logos links auf einen Fußweg. Nun wird es anstrengend.

Wie es sich für einen Kalvarienweg gehört, wird unsere Kondition herausgefordert, und spätestens hier wird klar, dass wir wirklich auf einem StadtWANDERweg und nicht auf einem bequemen Stadtrundgang unterwegs sind und entsprechend gute Ausrüstung, auch vernünftige Wanderstiefel wichtig sind.

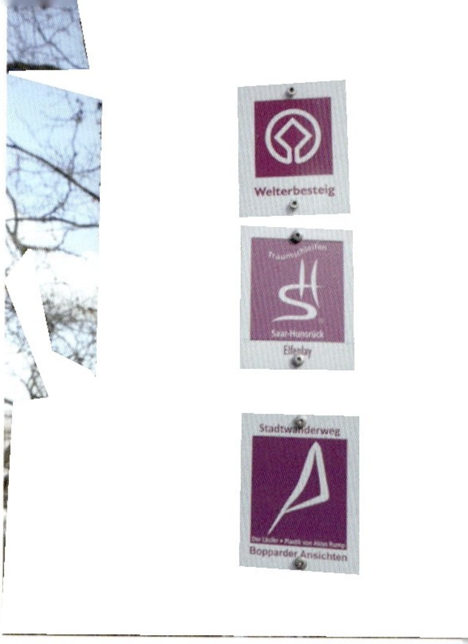


Unser Fußweg mündet auf die Helene-Pages-Straße, der wir geradeaus weiter bergan folgen. Nachdem wir einen Parkplatz passiert haben, schwenken wir bei der Kreuzwegstation 7 halb rechts auf einen Pfad. Schritt für Schritt erobern wir nun auf teils rutschigem Grund den Kreuzberg.

Wir tauchen in den Hangwald ein und passieren weitere Kreuzwegstationen. Stramm geht es bergan, und als der Kreuzweg nach einer Treppe links abknickt, sind wir froh über die Bank bei Station 11.

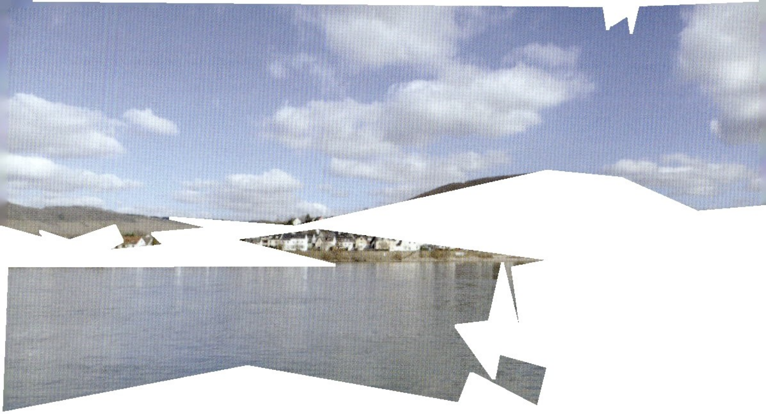

Hier bietet sich nicht nur eine willkommene Gelegenheit zum Verschnaufen, sondern auch ein herrlicher Blick über Boppard und das Rheintal. Wieder bei Atem meistern wir das letzte Steilstück bis Station 13, wo unser (Treppen-)pfad endet und die Logos uns rechts zur Kapelle schicken.

Auf dem Kreuzberg haben wir dann nach **3.3 km** eine Gelegenheit zum Verschnaufen. Entspannt setzen wir die Wanderung fort und folgen dem Weg entlang einiger Hecken und vorbei an einer umzäunten Weide sanft abwärts zum Waldrand. Als wir ihn erreichen, biegt der Stadtwanderweg sogleich links auf einen idyllischen Pfad ab, der uns mit leichtem Höhenverlust durch den Laubmischwald und die steil abfallende Hangflanke führt.

Uriger Eichenniederwald dominiert das Wegumfeld, knisternd raschelt das Laub unter den Sohlen, und bald lädt eine Bank am Wegesrand zum Genießen der Aussicht auf Boppard ein. Wir erfreuen uns am Blick und der folgenden Pfadpassage, die dem Welterbetal mal wieder alle Ehre machen.

Nachdem Lokalweg 16 aus dem Tal zu uns gestoßen ist, steigt die Route wieder an, bis unser Pfad nach **4 km** an einer Kurve eines Sträßchens endet. An dieser Stelle gesellt sich von links der Welterbesteig **(6)** dazu, und gemeinsam wenden wir uns nach rechts.

Nur wenige Schritte später, ist wieder Ausschauhalten angesagt, denn an Benners Weitsicht lädt ein Rastplatz mit herrlicher Aussicht zur Pause ein. Das lassen wir uns natürlich nicht entgehen.

Begeistert von der Aussicht, laufen wir auf der schmalen Straße talwärts und erreichen in einer engen Kurve die L 209.

Vorsichtig queren wir die Straße und wandern auf der anderen Seite pfadig rechts hinab ins Fraubachtal. An der Gabelung biegen wir scharf links bergan und erobern auf dem mit einigen Stufen verstärkten Pfad wieder ordentlich Höhe.

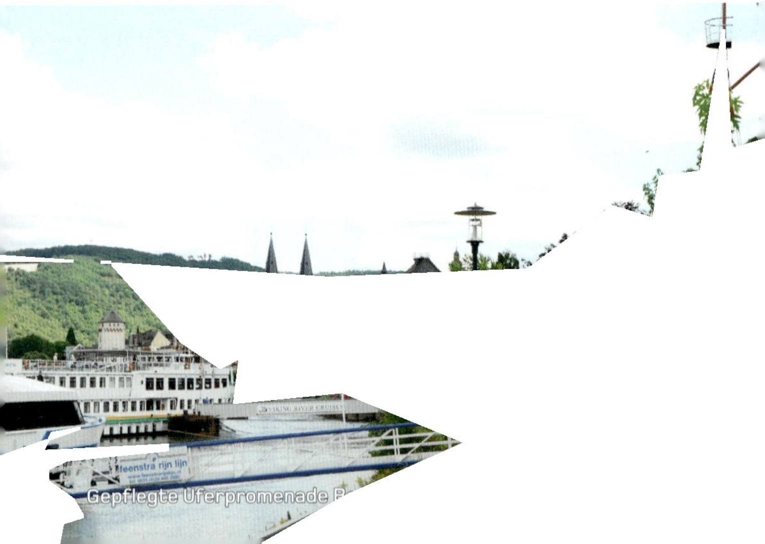

Gepflegte Uferpromenade B

Anfangs säumt urwaldartige, dichte Vegetation den Weg, doch allmählich wird es lichter, bis uns wieder der typische Laubmischwald begleitet.

Nach **4.7 km** biegt der Stadtwanderweg mit dem Welterbesteig kurz vor dem erneuten Erreichen der L 209 spitz nach rechts. Wir wandern auf schmalem, sich windenden Pfad sanft ansteigend durch den Wald und erreichen den nächsten fabelhaften Aussichtspunkt: den Sabelsfelsen.

Von der Bank an der Felsklippe aus öffnet sich eine wunderschöne Aussicht und belohnt uns für den teils mühsamen Aufstieg.

Nach kurzer Pause verlassen wir den Felsen und kurz darauf auch den Wald. Nun geht es durch umzäunte Wiesen und Weiden, von denen uns neugierige Vierbeiner beäugen. In einem Wäldchen stößt von links die Traumschleife Elfenlay zu uns.

Gemeinsam wenden wir uns nach rechts und wandern erneut durch offenes Terrain. Streuobstbäume und umzäunte Weiden begleiten unseren Feldweg, der sich langsam wieder dem Waldrand nähert.

Kaum befinden wir uns wieder im Wald, erwartet uns nach **5.4 km** die Schutzhütte am Sabelskopf **(7)**, von der wir ganz entspannt den herrlichen Ausblick zum Rhein genießen.

Danach folgt echtes Premiumwandern, das sich allerdings durchaus anspruchsvoll gestaltet und erneut beste Trittsicherheit, sehr gute Aufmerksamkeit und gutes Schuhwerk verlangt.

Zunächst senkt sich der Pfad spürbar ab und bringt uns sogar zu einer Ruhebank mitten im Grün. Kurz darauf halten wir uns an einer Weggabelung links und spüren schnell: Es geht wieder fordernd bergan. Nach deutlichem Höhengewinn setzt sich die Route kurzweilig und im steten Wechsel von Auf und Ab als gewundener Pfad durch die steile Hangflanke oberhalb des Burdenbachtales fort.

Schließlich senkt sich der Pfad spürbar zum bereits gut hörbaren Bach ab. Mit einem Steg überwinden wir nach **5.9 km** das meist eher kleine Bächlein und schwenken wenig oberhalb rechts auf einen uralten Fußweg.

Der führt uns stetig abwärts, und bald weicht der Wald zurück, und Hecken sowie kunstvolle Trockenmauern säumen den Pfad. Dann öffnet sich unvermittelt die Kulisse und gibt an einer Bank einen grandiosen Blick auf Boppard und den Rhein frei, besser geht es nicht.

Als sich der Weg kurz vor den ersten Häusern gabelt, biegen wir links ab und laufen oberhalb einiger Gärten bergan.

Nach mehreren Schlenkern helfen einige Stufen beim Abstieg, dann schicken uns die Logos rechts durch ein Wildschutzgatter in einen Garten, den wir aber schon bald durch ein zweites Gatter wieder verlassen.

Wir finden uns nun an einer kleinen Straße wieder, der wir rechts bergab folgen. Kurz darauf passieren wir das Portal der Traumschleife Elfenlay und nutzen eine Unterführung, um die Trasse der Hunsrückbahn zu queren.

Dann sind wir an der Mühlstraße nahe der Sesselbahn-Talstation. Wir trennen uns

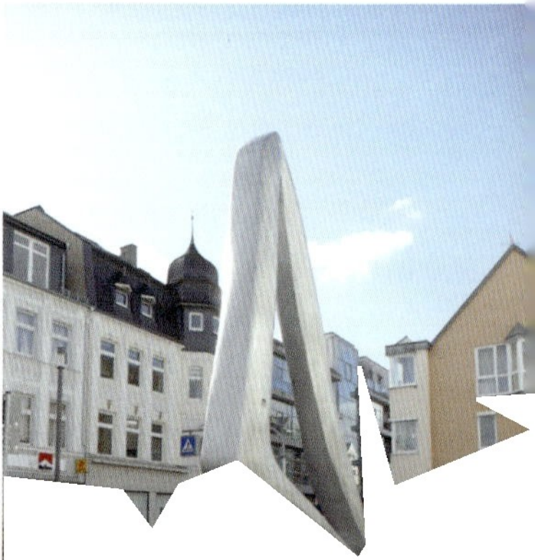

vom Welterbesteig, der sich links den Berg emporschwingt. Wir queren die Straße, laufen geradeaus zu Fondels Mühle und nutzen rechts die Unterführung unter der Bahn.

Nach **7.1 km** stehen wir am großen Parkplatz am St. Remigius Platz **(8)**. Wir wenden uns nach links, nutzen den Steg, um den Bach zu queren, und passieren kurz danach den Imbiss am Mühlbach. Die Logos weisen nach rechts, und vorsichtig queren wir wenige Schritte später die B 9.

Auf der anderen Seite bringt uns ein Fußweg zum Rheinufer. Wir schwenken nach rechts und gelangen kurz darauf links auf die Uferpromenade direkt am Fluss. Im Schatten der Uferbäume spazieren wir nun stromaufwärts Richtung Innenstadt.

Wir beobachten den regen Schiffsverkehr und kehren gemächlich in die umtriebige Stadt zurück. Bald folgt die Rheinpromenade der Rheinallee, wo viele Restaurants zur Einkehr locken. Schließlich wenden wir dem Rhein den Rücken zu und biegen rechts in die Bahnhofstraße ab.

Als diese direkt am Bahnhof auf die Heerstraße stößt, laufen wir nach links und treffen nach **8.3 km** wieder am Platz der Partnerstädte **(1)** ein, wo sich der Kreis unserer spannenden und erlebnisreichen Stadtwanderung schließt.

## FAZIT

Der Stadtwanderweg verläuft zwischen Marienberger Park und dem Remigius Platz weitgehend auf Naturwegen, die bei Regen rutschig und schwer begehbar sein können. Einige Wegabschnitte erfordern sehr gute Trittsicherheit, gute Kondition und Schwindelfreiheit. Wanderstiefel sind daher wichtig, Wanderstöcke sind empfehlenswert.

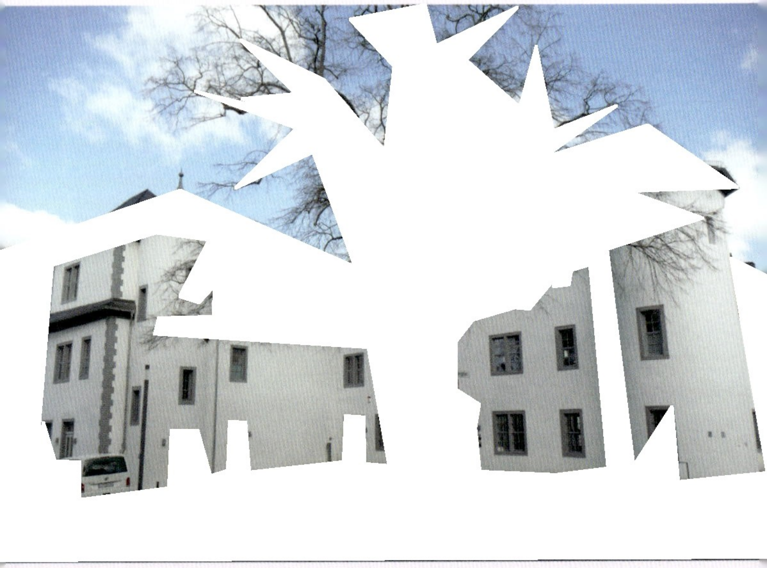

## Bürgerkrieg im Mittelalter

*Mitte des 14. Jahrhunderts herrscht Unruhe in Boppard: Die Truppen des ungeliebten Erzbischofs von Trier haben die Stadt besetzt. Die unterjochten Bürger wehren sich, ständig kommt es zu Aufständen und Überfällen in der alten Keltenstadt am Rhein. 1340 beschließt der Kirchenfürst zur Sicherung von Leib und Leben den Ausbau des alten Bergfrieds zu einer echten Burg. Ein wuchtiges Gebäude im Kastellstil entsteht, welches auch heftigsten Angriffen trotzen kann. Ein mächtiger Graben sorgt für zusätzlichen Schutz vor den aufgebrachten Boppardern. Die Bürger bestürmen die Burg mehrfach und scheitern kläglich. Erst 1499, nachdem Stadt und Burg durch Angriffe im Bopparder Krieg schwer beschädigt worden waren, gelang es den verzweifelten Bürgern, die Anlage durch Feuer weitgehend zu zerstören. Im Laufe der Jahrhunderte wandelte sich die Burg durch zahlreichen An- und Umbauten. Heute wird sie als städtisches Museum genutzt. www.boppard-tourismus.de*

Tourist Information Boppard, Marktplatz, 56154 Boppard, ✆ 06742/3888, ⓦ www.boppard-tourismus.de

Café am Markt, Oberstraße 145, 56154 Boppard, ✆ 06742/2484, ⓦ www.hauptsache-schokolade.de
▪ Restaurant Alte Schmiede, Kronengasse 24, 56154 Boppard, ✆ 06742/81142, ⓦ www.alteschmiede-boppard.de

Bellevue Rheinhotel, Rheinallee 41, 56154 Boppard, ✆ 06742/1020, ⓦ www.bellevue-boppard.de
▪ DAS Ebertor Hotel & Hostel, Heerstr. 172, 56154 Boppard, ✆ 06742-8070, ⓦ www.das-ebertor.de
▪ Baudobriga Rheinhotel, Rheinallee 43, 56154 Boppard, ✆ 06742-80550, ⓦ www.baudobriga.de

Campingpark Sonneneck, An der B 9, 56154 Spay, ✆ 06742/2121, ⓦ www.sonneneck-camping.de
▪ Camping-Freizeitzentrum Brey, Am Rhein 1, 56321 Brey, ✆ 02628/8860, ⓦ www.camping-freizeitzentrum-brey.de

Boppard hat einen Bahnhof und ist sowohl mit dem Nah- als auch mit dem Fernverkehr sehr gut zu erreichen. ⓦ www.mittelrheinbahn.de und ⓦ www.bahn.de

Taxi Kremser, ✆ 06742/5530
▪ Taxi Gras, ✆ 06742/82188

Passagen am Kreuzberg sowie der Aufstieg zum Sabelsfels und der Abstieg vom Sabelskopf ins Burdenbachtal und weiter bis zum Stadtrand verlangen nicht nur bei Nässe sehr gute Trittsicherheit.

Die Wegstrecke weist keine unüberwindbaren Hindernisse für Hunde auf. Unterwegs gibt es für Hunde nur im Marienberger Park Zugang zum Wasser.

# 08 Boppard - Rhens

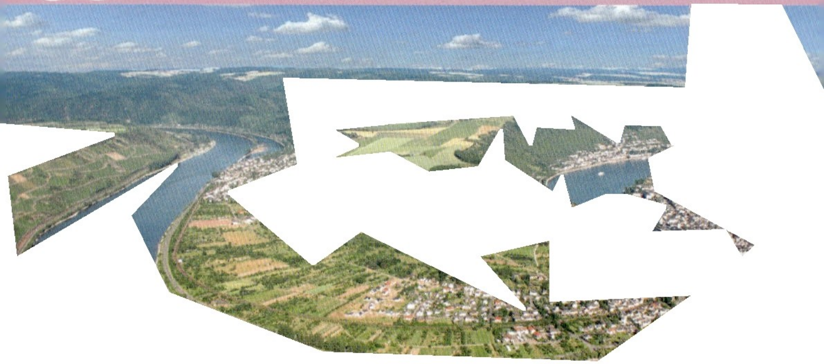

| 14,4 (+1,3) | 4h 45min | 379 / 375 | 337 | 1018 / 1195 | |
|---|---|---|---|---|---|
| km | | ↑ ↓ | | | WESX8X2 |

**Start:** Boppard Nord (Talstation)
**Ziel:** Rhens, Viehtor

**Anfahrt:** Entlang des Rheins auf der B 9 nach Boppard und Rhens. Von der A 61 (Abfahrt Boppard) über die L 209 nach Boppard.

**Parken:** Boppard, Parkdeck Marienberg
N50° 13′ 47.8″ • E7° 35′ 45.3″

Boppard, Remigiusplatz/Mühltal
N50° 14′ 08.3″
E7° 34′ 38.3″

Rhens, Bramleystr.
N50° 16′ 50.2″
E7° 36′ 55.7″

Rhens, Bahnhof
N50° 16′ 51.3″ • E7° 37′ 13.5″

**Wegpunkte:**

**P1** Boppard Nord (Talstation)
32 U 398497 5565733

**P2** Gedeonseck
32 U 398235 5566728

**P3** Vierseenblick
32 U 398093 5567003

**P4** Jakobsberger Hof
32 U 399639 5568155

**P5** Rastplatz & Rheinblick
32 U 400866 5567796

**P6** Abzweig Zuweg Spay
32 U 402745 5568876

**P7** Rhens, Viehtor
32 U 401355 5570748

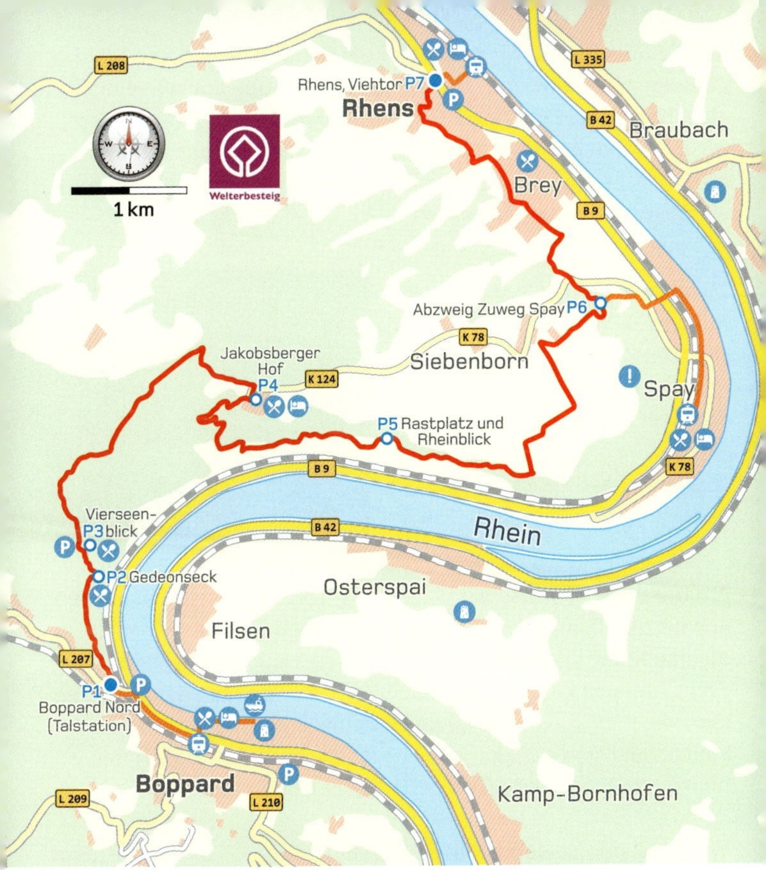

L 208
L 335
Rhens, Viehtor P7
Rhens
B 42
Braubach
1 km
Welterbesteig
Brey
B 9
Abzweig Zuweg Spay P6
K 78
Jakobsberger Hof
P4
K 124
Siebenborn
Spay
P5 Rastplatz und Rheinblick
B 9
K 78
Vierseen-
P3 blick
B 42
Rhein
P2 Gedeonseck
Osterspai
Filsen
L 207
P1
Boppard Nord (Talstation)
Boppard
L 209
L 210
Kamp-Bornhofen


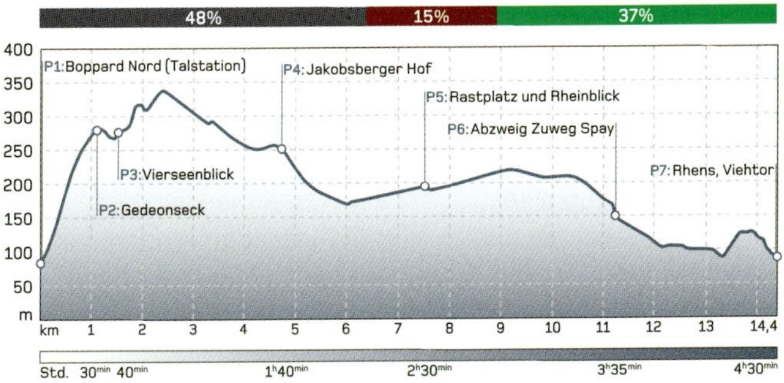

48%
15%
37%
400
350
300
250
200
150
100
50
m
P1:Boppard Nord (Talstation)
P4:Jakobsberger Hof
P5:Rastplatz und Rheinblick
P6:Abzweig Zuweg Spay
P3:Vierseenblick
P2:Gedeonseck
P7:Rhens, Viehtor
km 1 2 3 4 5 6 7 8 9 10 11 12 13 14,4
Std. 30min 40min 1h40min 2h30min 3h35min 4h30min

**Nach einem herausfordernden Auftakt und lauschigen Waldpassagen präsentiert uns die heutige Etappe vor allem eines: atemberaubend schöne Rheinpanoramen. Außerdem dürfen wir mitten durch das Weinparadies des Bopparder Hamms wandern, bevor wir im pittoresken Fachwerkidyll von Rhens die Etappe ausklingen lassen.**

**ZUWEG:** *Aus der Innenstadt oder von der Fähre kann man entweder über den Stadtwanderweg zur Talstation der Sesselbahn laufen oder vom Bahnhof dem 0.9 km langen Zuweg bis zum Wegweiser des Welterbesteigs im Mühltal folgen.*

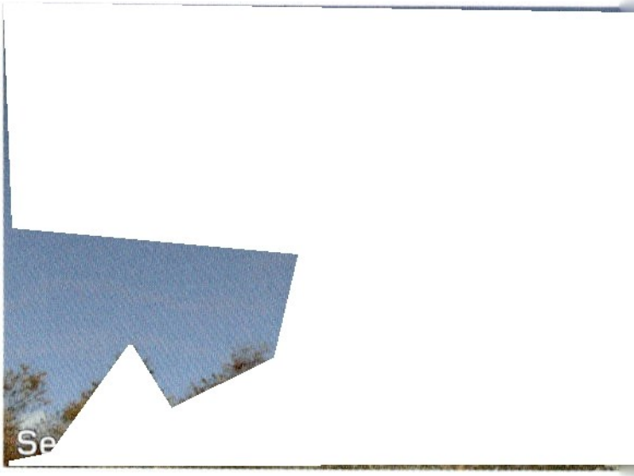

Am Nordrand Boppards unweit der Talstation (1) und an einem der Endpunkte des Saar-Hunsrück-Steigs nehmen wir wieder die Fährte des Welterbesteigs auf, der wir heute bis Rhens folgen.

Während der Saison könnte man leicht in Versuchung kommen, den steilen Anstieg hinauf zur Bergstation per Sesselbahn zu absolvieren, doch wir lassen uns von dieser Marscherleichterung nicht verführen und beginnen den herausfordernden Anstieg brav auf Schusters Rappen.

Wir folgen den Logos auf den schmalen Fußweg, passieren einige Häuser und deren Gärten und starten den Aufstieg zum Hirschkopf. Der Pfad folgt im Wesentlichen der Linie der Sesselbahn.

Oft laufen wir direkt auf dem glatten, felsigen Untergrund, was nicht nur bei Nässe gutes Schuhwerk und ebensolche Trittsicherheit verlangt.

Kaum haben wir die erste Steilstufe überwunden und die Stadt endgültig hinter uns gelassen, stehen wir am Ab-

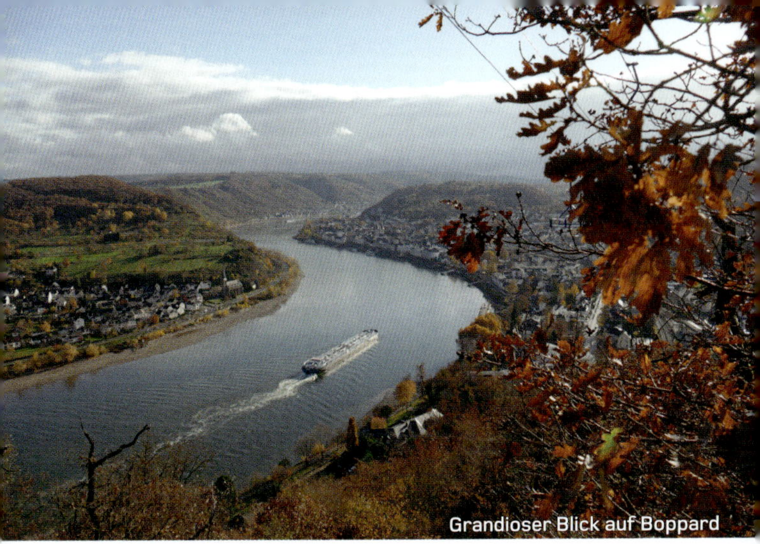
Grandioser Blick auf Boppard

zweig des Klettersteigs. Wir wollen uns heute aber nicht mit abenteuerlicher Kraxelei, Leitern und Krampen abgeben und lassen daher diesen Abzweig unbeachtet.

Allerdings lohnt schon an dieser Stelle ein Blick zurück auf Boppard und den Rhein. Anschließend folgen wir weiter dem Pfad, der nun gute Kondition von uns fordert.

Immer wieder wechseln wir von einer Seite der Sesselbahntrasse auf die andere und freuen uns, wenn ab und an eine Bank zum Verschnaufen bereitsteht und wir herrliche Blicke auf den Rhein und den für seine Weine bekannten Bopparder Hamm genießen dürfen.

Nach einer besonders exponierten Passage direkt am Grat treffen wir an einer kleinen offenen Hütte ein, die eine grandiose Aussicht auf die berühmte Rheinschleife und Boppard bietet.

Wenig später gabelt sich der Pfad, wir halten uns rechts und merken: Es wird flacher.

Wir treten in den niederen Hangwald ein und erreichen nach **1.1 km** das erste Zwischenziel: das Ausflugslokal Gedeonseck **(2)**, an dem auch der Zuweg der Bergstation auf den Welterbesteig trifft.

Wir laufen über die Terrasse und genießen eine Aussicht, die zu den besten Premiumblicken über das Rheintal zählt: Überwältigend und fast unglaublich zieht die Rheinschleife unter uns einen Dreiviertelkreis um das gegenüberliegende Rheindorf Filsen. Wenn der Wind günstig steht, können wir außerdem den Gleitschirmpiloten zuschauen, die dann von der nahen Startrampe in die Lüfte abheben.

Begeistert von diesem atemberaubenden Auftakt der Etappe, folgen wir dem Welterbesteig am Rand des Areals auf einen Pfad in den Niederwald. Es dauert nicht lange, und die Baumkulisse öffnet sich: Wir stehen am Hamm-Blick, wo Bank und Rastplatz abseits des großen Trubels zum Verweilen einladen und ein „Blickfenster" die tolle Aussicht perfekt in Szene setzt.

Wir folgen dem Pfad weiter, der sich bald absenkt und am Parkplatz des Vierseenblicks auf die Zufahrtsstraße trifft. Wir laufen nach rechts, passieren die Gaststätte Vierseenblick und biegen gleich danach rechts in den Wald ein.

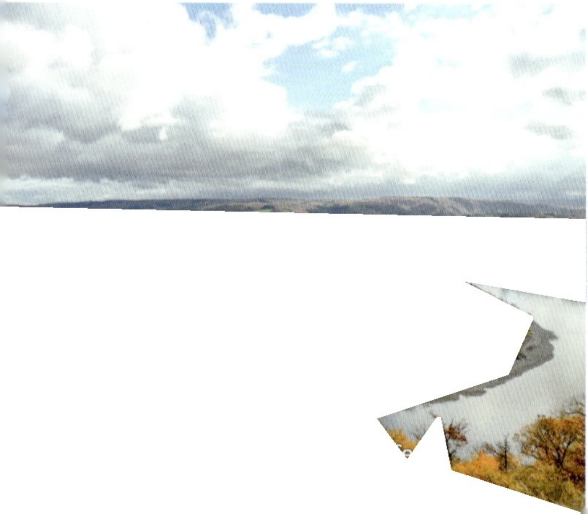

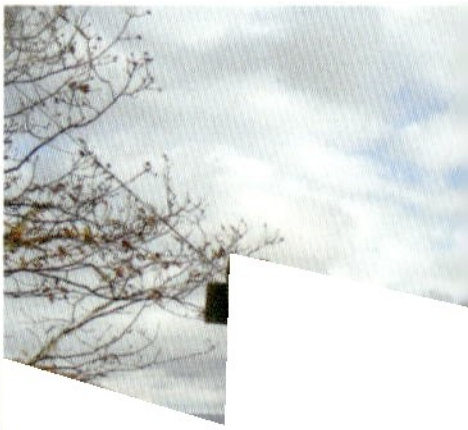

Bevor wir weiterwandern, sollten wir aber noch dem namensgebenden Blick des Lokals einen Besuch abstatten: am Vierseenblick **(3)** erscheint der Rhein nämlich nicht als durchgehender Fluss, sondern präsentiert sich in Form von vier einzelnen „Seen".

In Hochstimmung wenden wir uns danach wieder dem Welterbesteig zu und tauchen erneut unter das Blätterdach des Waldes. Der führt uns schon nach kurzer Pfadpassage zur Köhlerhütte am Rand des Mountainbike-Parcours. Wir lassen uns davon aber nicht stören und wandern, hinter der Hütte vorbei, weiter pfadig durch den herrlichen Laubmischwald.

Bald erobern wir eine kleine Felsklippe, auf der eine Bank zum Verschnaufen steht. Dann schlängelt sich der Pfad mit wenig Auf und Ab durch den von Eichen dominierten Wald und senkt sich ab.

Nach **2.1 km** stehen wir an der Schutzhütte bei der Kreuzung an der Engelseiche, wo sich der Saar-Hunsrück-Steig Richtung Perl verabschiedet. Wir wenden uns rechts dem breiten Forstweg zu, der gemütlich abwärts führt.

Kurz darauf lassen wir die Einmündung des Klettersteigs rechts liegen und biegen etwas später an einer Weggabelung rechts auf einen schmalen Waldweg ab.

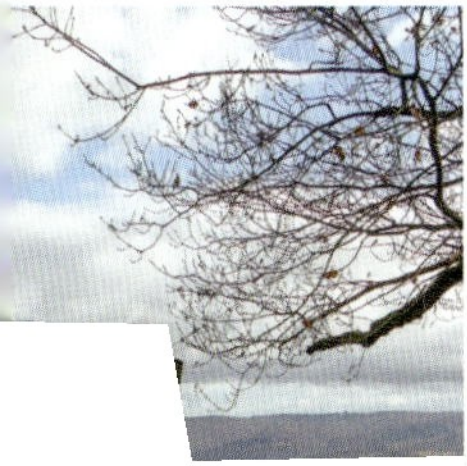

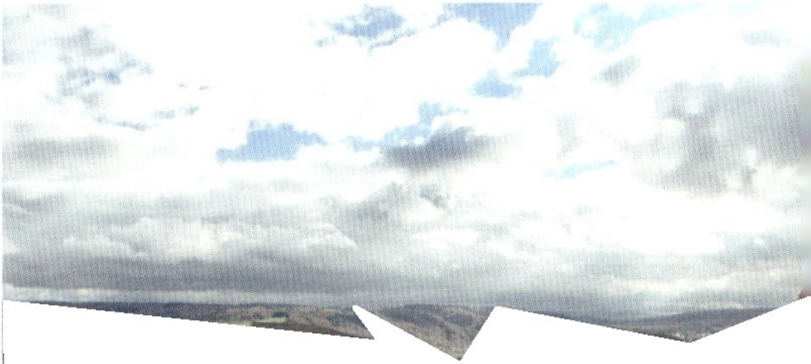

Nun genießen wir wieder das Waldwandern: Weich federt der Boden unter den Sohlen, tief atmen wir den würzigen Duft der Bäume ein und lauschen dem Gezwitscher der Vögel.

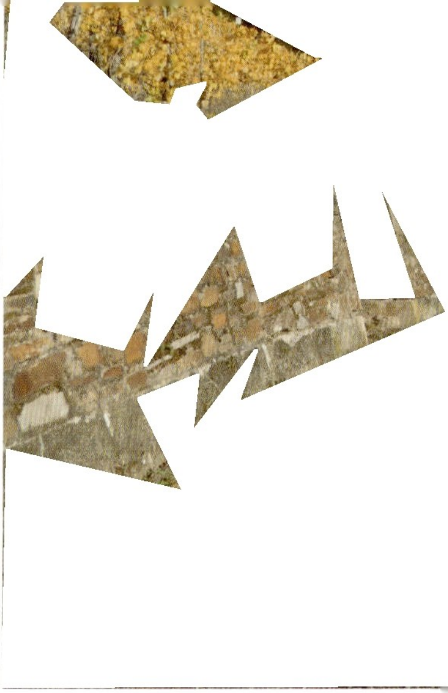

Wir genießen die wohltuende Ruhe des Waldes, denn im Gegensatz zu den rheinnahen Hangkantenpassagen sind wir hier im dichten Wald weit genug entfernt von den Geräuschen des frequentierten Rheintals.

Nachdem wir eine Senke durchschritten haben, steigt der Weg wieder an und trifft an einer Holzbank auf den breiten Forstweg. Wir schwenken nach rechts und überschreiten den höchsten Punkt der heutigen Etappe. Schon spüren wir, wie sich der Weg nach dem langen Aufstieg sanft absenkt.

An einer großen Waldkreuzung behalten wir die Richtung bei und folgen dem breiten Forstweg, bis wir nach **3.3 km** rechts knapp neben dem Weg eine Sinnesbank erspähen. Wir legen kurzentschlossen einen Abstecher ein, folgen dem Pfad zur Bank und genießen die Pause und den von Bäumen gerahmten Blick.

Zurück auf dem Hauptweg gelangen wir kurz darauf an eine große Kreuzung nebst Waldwiese. Hier folgen wir unserem Logo halb rechts Richtung Jakobsberger Hof. Spürbar verlieren wir nun an Höhe.

Unser Weg führt um eine markante Rechtskurve, abzweigende Wege ignorieren

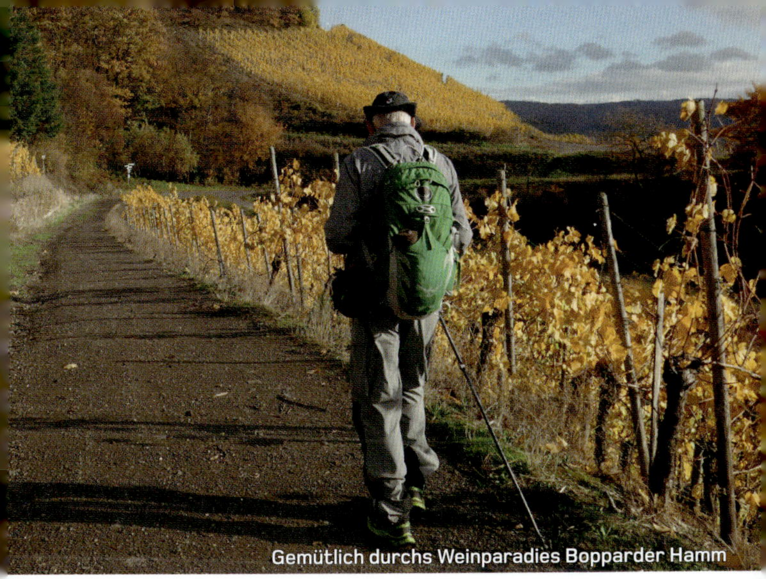
Gemütlich durchs Weinparadies Bopparder Hamm

wir, auch als sich nach **4.2 km** der Rheinburgenweg nach links verabschiedet.

Dafür stößt nun der Traumpfad Rheingoldbogen zu uns, der uns bis Brey Gesellschaft leisten wird. Gemeinsam laufen wir sanft bergan. Der Wald weicht zurück, und wir passieren den Parkplatz des Jakobsberger Hofs **(4)**.

Das große Hotel und Restaurant mit Golfclub erreichen wir nach einem Rechtsknick. Wem nicht der Kopf nach etwas noblerer Einkehr steht, wendet sich vor dem Eingang nach rechts und wandert auf befestigtem Waldweg zurück in die Natur.

Nach **5.3 km** erreichen wir eine Spitzkehre nach links und bleiben an der perfekt platzierten Bank unwillkürlich stehen: Was für ein toller Blick.

Majestätisch liegt uns das Rheintal zu Füßen und macht uns mal wieder sprachlos. So fühlt es sich an: Wanderglück im Welterbe. Wir folgen dem Weg weiter abwärts, bis der Wald allmählich zurückweicht und erst Gehölze, dann Weinreben die Szene prägen. In einem Taleinschnitt verzweigt sich der Weg und wir laufen zunächst links bergan.

Doch nur 70 m später biegen wir auf der Kuppe links auf einen Weinbergsweg ab, der uns nun in halber Hanghöhe mitten hineinführt in den berühmten Bopparder Hamm.

Dank mehrerer, sehr interessant gestalteter Tafeln am Wegesrand lernen wir nun, sozusagen im Vorübergehen, einiges zur Region, zu Flora, Fauna und Geologie. Zusätzlich begleitet uns die beständige Panoramaaussicht auf die berühmte Rheinschleife, an der wir uns kaum sattsehen können.

Mit etwas Auf und Ab setzen wir die aussichtsreiche Passage durch das Rebenmeer fort und stoßen schließlich wieder auf eine Wegkreuzung. Hier halten wir uns links und folgen dem nun asphaltier-

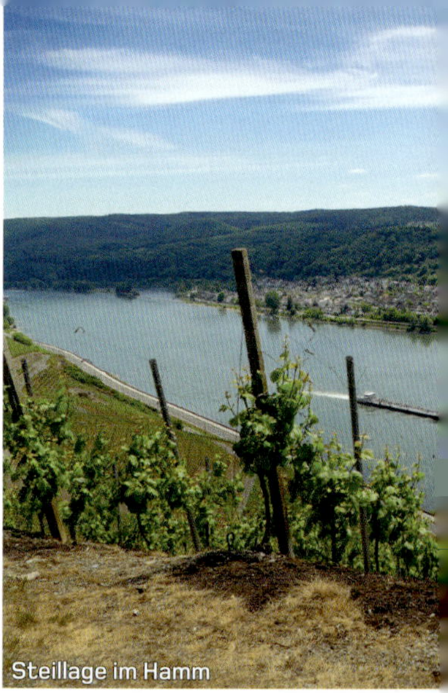

Steillage im Hamm

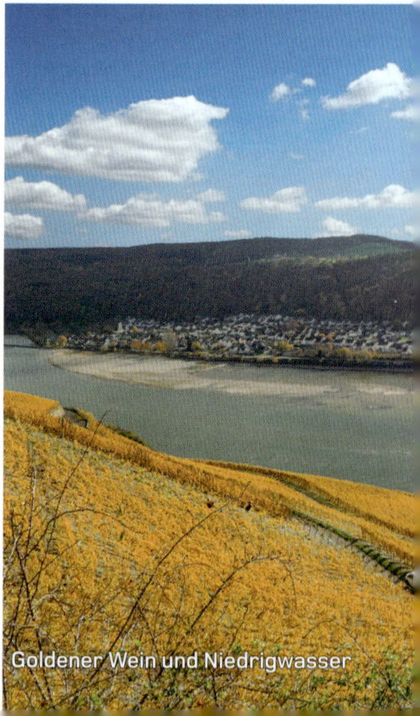

Goldener Wein und Niedrigwasser

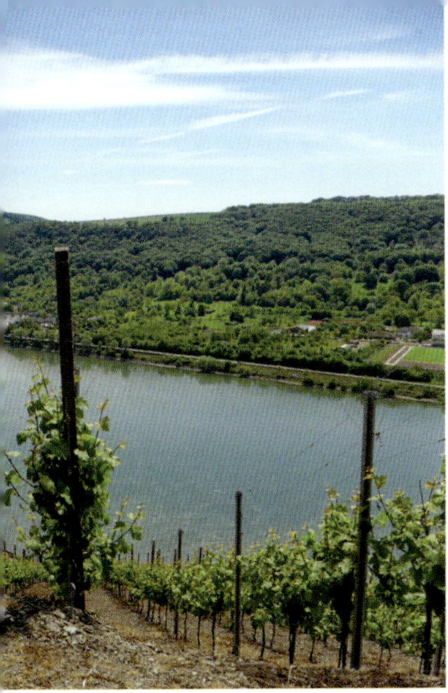

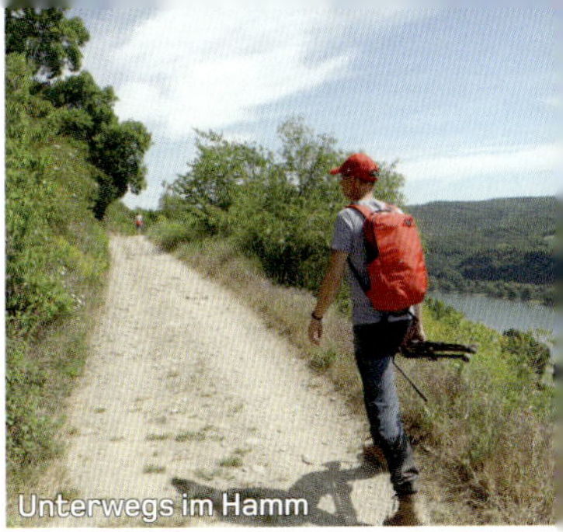


ten Eberbacher Weg. Kaum haben wir eine sanfte Kurve passiert, erwartet uns nach **7.6 km** ein einladender und aussichtsreicher Rastplatz zur verdienten Pause **(5)**.

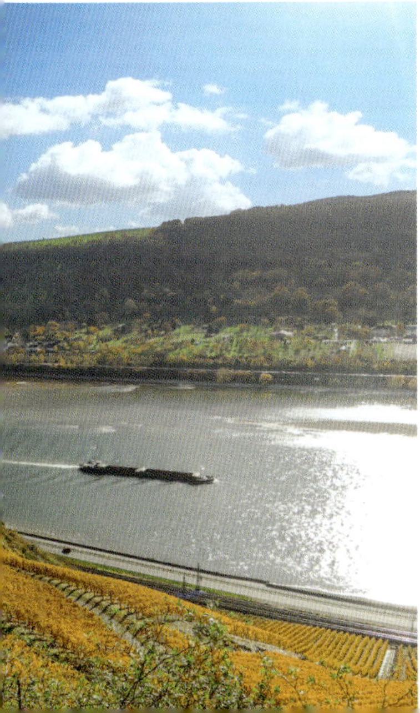

Erholt wandern wir weiter und freuen uns, als der Asphalt endet. Abzweigende Wege beachten wir nicht, sondern schwelgen lieber weiter im herrlichen Rheinpanorama. Ohne große Höhenunterschiede kommen wir bestens voran.

Allmählich wandelt sich die Landschaft: Erst nur links, dann aber auch auf der rechten Wegseite lösen Gehölze und Hecken die Reben ab. Bald wandern wir also wieder umgeben von Schlehen und Weißdorn Richtung Hangkante. Nach 8.9 km treffen wir dann an einem Wegweiser auf einen neuen Begleiter: Blau-weiß markiert gesellt sich nun auch der Premiumspazier-wanderweg Traumpfädchen Spayer BlickinsTal zu uns.

Wir laufen noch wenige Meter geradeaus zum nächsten Wegweiser, wo es mit scharfem Linksknick hinaus auf die offene Flur des Rheinplateaus geht. Weit lassen wir den Blick über die Felder schweifen, während wir sanft zu einer Kuppe bergan wandern.

Kaum haben wir sie überwunden, biegen wir an einem uralten Nussbaum rechts auf einen Feldweg ab. Bald erkennen wir erst nur am Horizont, dann aber immer deutlicher die markante Silhouette der Marksburg. An einer Kreuzung mit Wegweiser und Bank halten wir uns links und folgen dem nun fast schnurgerade verlaufenden Feldweg bis zum Rand von Siebenborn.

Dort biegen wir rechts Richtung Muttergotteskopf ab. Bald bleibt das letzte Gehöft hinter uns zurück, und wir wandern über eine Wiese zum Waldrand. Bevor wir rechts in diesen eintauchen, lohnt ein kurzer Abstecher nach links zur Theoretikerhütte, die Rastmöglichkeit und einen tollen Ausblick bietet. Anschließend bringt uns der Welterbesteig mit einigen Schlenkern auf attraktivem

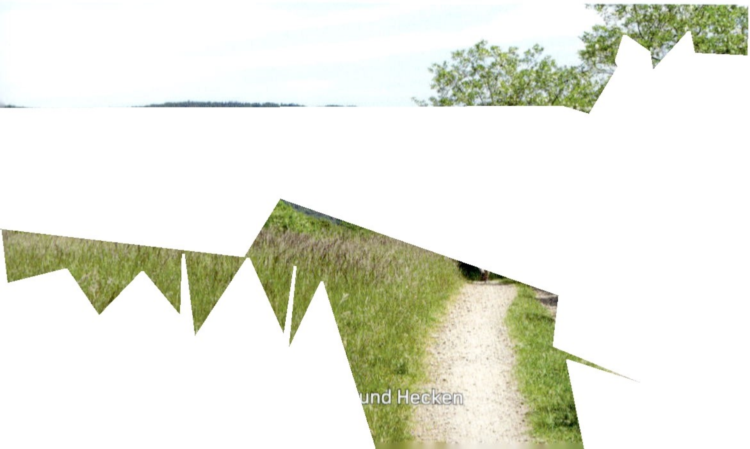

Waldweg stramm abwärts zur Muttergotteskapelle.

Anwohner der Umgebung pflegen das beliebte Wallfahrtsziel liebevoll, wovon besonders der kleine Garten zeugt. Nach kurzem Verweilen laufen wir mit dem Kreuzweg talwärts und erreichen nach **11.3 km** den Abzweig des Traumpfädchens und des Zuweges nach Spay **(6)**.

Wir laufen geradeaus weiter, queren den markanten Taleinschnitt eines kleinen Baches und gelangen zur K 78. Nach vorsichtiger Querung der wenig befahrenen Straße laufen wir auf der anderen Seite auf herrlich weichem Wiesenpfad hinunter Richtung Brey.

Am Rand der Wiesen lädt eine weitere Schutzhütte zur Pause ein. Danach knickt der Weg scharf rechts ab und verliert noch mal deutlich an Höhe.

An einem Querweg wenden wir uns nach links und passieren wenige Schritte später den Parkplatz des Friedhofs von Brey, wo sich auch das Portal des Traumpfads Rheingoldbogen befindet.

Wir laufen geradeaus mit dem Ackerweg in den Ort und biegen an der Kreuzung mit der Rheingoldstraße links in Auf der Brück ab. Mühlweg und Bachstraße ignorieren wir.

Nach **12.7 km** stößt am Wegweiser an der Kreuzung

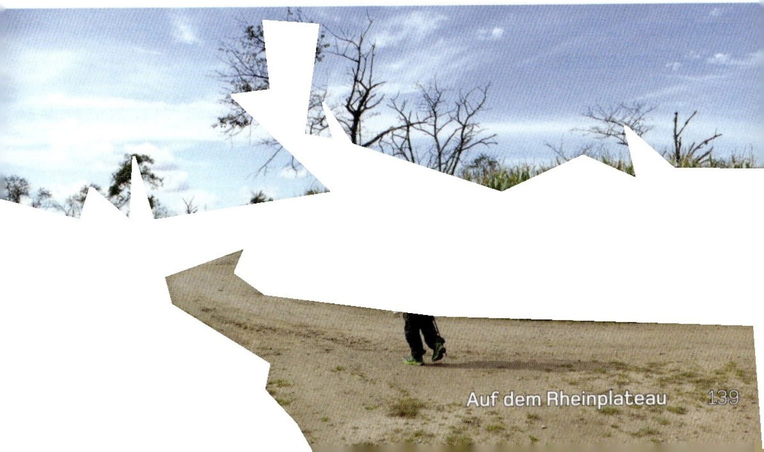

mit der Römerstraße wieder der Rheinburgenweg zu uns. Gemeinsam geht es durch die Römerstraße zum Ortsrand, wo ein gemütlicher Rastplatz auf uns wartet.

Dort gabelt sich der Weg, und wir nutzen den zunächst geradeaus verlaufenden Feldweg, der sich kurz darauf mit einer Linkskurve dem Tauberbach nähert. Wir queren den Bach und erreichen an der Straße Auf der Geierslay die ersten Häuser von Rhens.

Neben Haus Nr. 17 nutzen wir einen Fußweg, um zwischen den Gärten noch einmal aufs Rheinplateau zu gelangen. Nach strammem Aufstieg öffnet sich die Kulisse, und wir können den Blick wieder zum Rhein und zur Marksburg schweifen lassen.

Wir passieren eine kleine Wegkapelle und laufen geradeaus an Streuobstgärten vorbei bis zur Straße „Im Zilgen 2“. Hier biegen wir rechts ab und nutzen bald einen Fußweg, um zur Straße „Auf der Kümm“ zu gelangen.

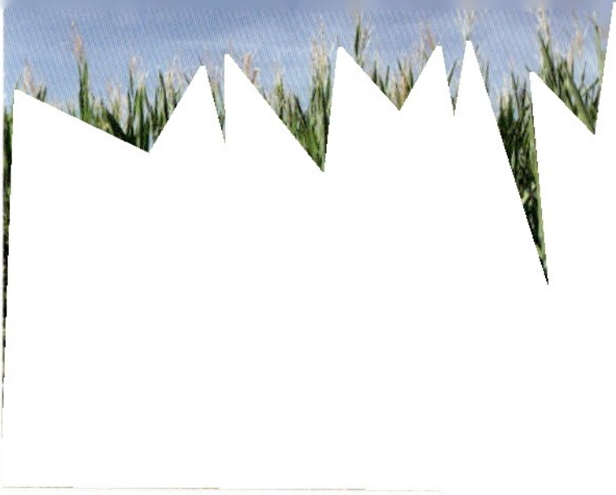

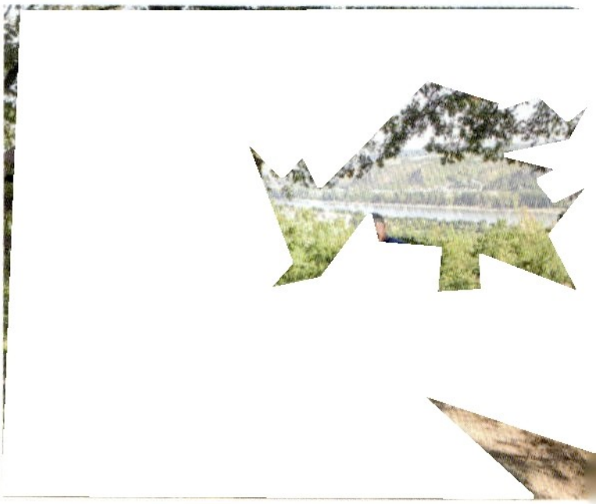

Dieser folgen wir nach rechts, bis es über einen Treppenweg links hinunter zu „In der Lehn“ geht. Mit weiteren Fußwegen gelangen wir zügig talwärts, bis wir erneut auf „Im Zilgen“ stoßen und uns rechts halten.

Unmittelbar vor der Hochbrücke der B 9, am Beginn der Straße „Am Viehtor“ (7), nehmen wir für heute nach **14.4 km** Abschied vom Welterbesteig, der an dieser Stelle links bergan führt.

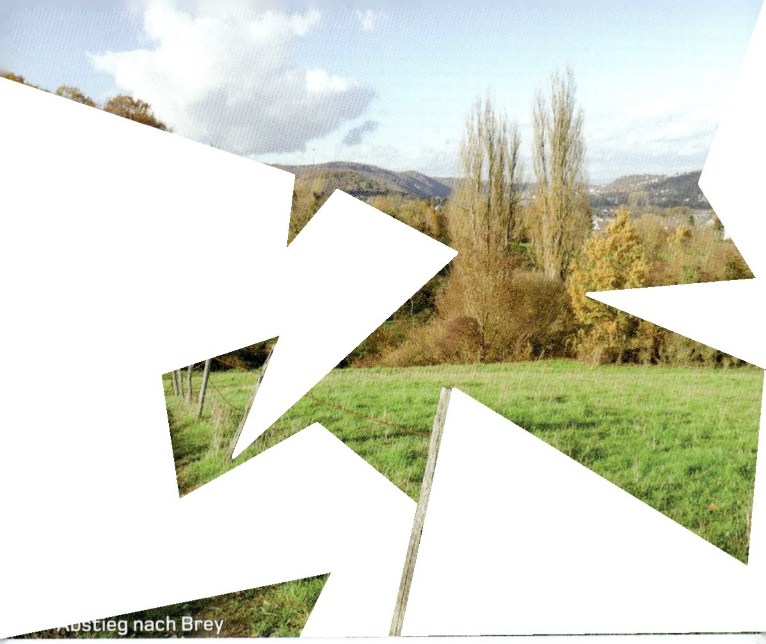

Abstieg nach Brey

**ZUWEG:** *Wer im Ort übernachten möchte oder zum Bahnhof will, läuft nun mit dem Zuweg geradeaus bis zum Alten Rathaus. Hier biegt man links in den Ort ab. Zum Bahnhof läuft man rechts in die Hochstraße. Bei nächster Gelegenheit wendet man sich links und folgt dem Fußweg an der Stadtmauer bis zum Bahnhof.*

## FAZIT

Diese Etappe nutzt viele Naturwege und Pfade. Vor allem der steile Felsenpfad von Boppard hinauf zum Gedeonseck verlangt sehr gute Trittsicherheit. Knöchelhohe Wanderstiefel und Wanderstöcke sind daher wichtig.

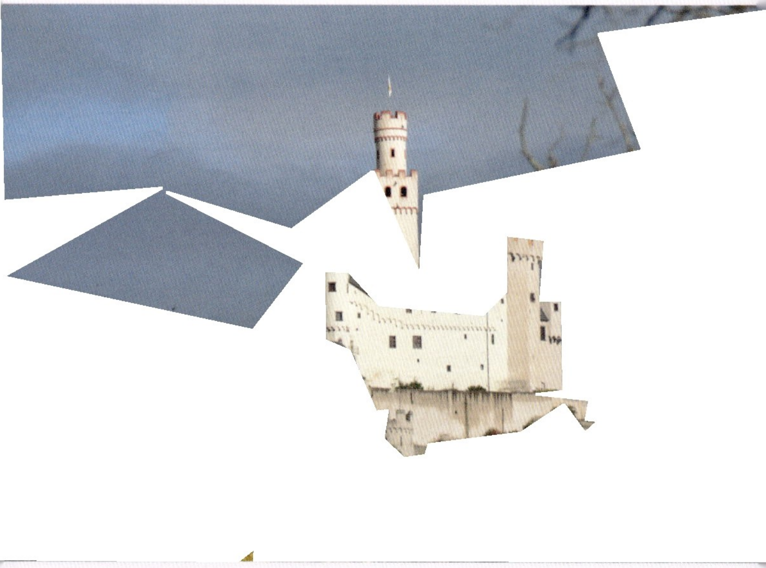

## Das Mittelalter lebt

*Heute geht es auf die rechte Rheinseite, zu der mittelalterlichen Burg am Rhein: der Marksburg. Tiefe Brunnen, breite Scharten, dicke Kanonen und blitzende Schwerter, eine rußgeschwängerte Küche, gruselige Kerker und üppige Festräume entführen auf eine authentische Zeitreise. Damit der Funke bei allen Besuchern überspringt, gibt es getrennte Führungen für Kinder und Erwachsene. Die Marksburg, einzige nie zerstörte Höhenburg am Mittelrhein, ist typisch für die Burgenkultur des Mittelalters. Sie wurde im 12. Jahrhundert von den Herren von Braubach begründet und im 13. Jahrhundert ausgebaut. Der Kapellenturm und Teile der Wehranlagen stammen aus dieser Zeit. Im 17. und 18. Jahrhundert wurde die Anlage um den äußeren Zwinger und einige Türme und Bastionen erweitert. Besonders sehenswert ist die Sammlung an Ritterrüstungen, lohnend ist auch eine Runde durch den Kräutergarten mit 160 Heil-, Nutz- und Zauberkräutern.*

*Tourist Information Boppard, Marktplatz, 56154 Boppard, 06742/3888, www.boppard-tourismus.de*
- *Tourist-Info Erlebnis Rheingoldbogen, Am Viehtor 2, 56321 Rhens 02607/49510 www.rhens.de*

*Gedeonseck, 56154 Boppard 06742/2675, www.gedeonseck-boppard.de*
- *Vierseenblick, 56154 Boppard 06742/3540*
- *Restaurant Vater Rhein, Hochstr. 31, 56321 Rhens, 02628/9889889*
- *Rathausschenke, Hochstr. 12, 56321 Rhens, 02628/2710, www.rathausschenke.eu*

*AKZENT Hotel Roter Ochse und Gästehaus Ingrid, Hochstr. 27, 56321 Rhens, 02628/2221, www.roter-ochse.de*
- *Alter Posthof, Mainzer Str. 47, 56322 Spay, 02628/8708, www.alterposthof.de*

*Campingpark Sonneneck, An der B 9, 56154 Spay, 06742/2121, www.sonneneck-camping.de*
- *Camping-Freizeitzentrum Brey, Am Rhein 1, 56321 Brey, 02628/8860, www.camping-freizeitzentrum-brey.de*

*Boppard und Rhens haben jeweils einen Bahnhof und sind über die Mittelrheinbahn im Stundentakt erreichbar. www.mittelrheinbahn.de*

*Taxi Kremser, 06742/5530*
- *Taxi Gras, 06742/82188*
- *Taxi Dillmann, 02628/3303*

Der Steilanstieg zur Bergstation ist die größte Herausforderung dieser Etappe und verlangt sehr gute Kondition und Trittsicherheit. Allerdings kann man in der Saison diesen Abschnitt umgehen und die Sesselbahn für den Aufstieg nutzen.

Die Wegstrecke weist keine unüberwindbaren Hindernisse für Hunde auf. Unterwegs gibt es für Hunde keinen Zugang zum Wasser.

# 09 Rhens - Koblenz

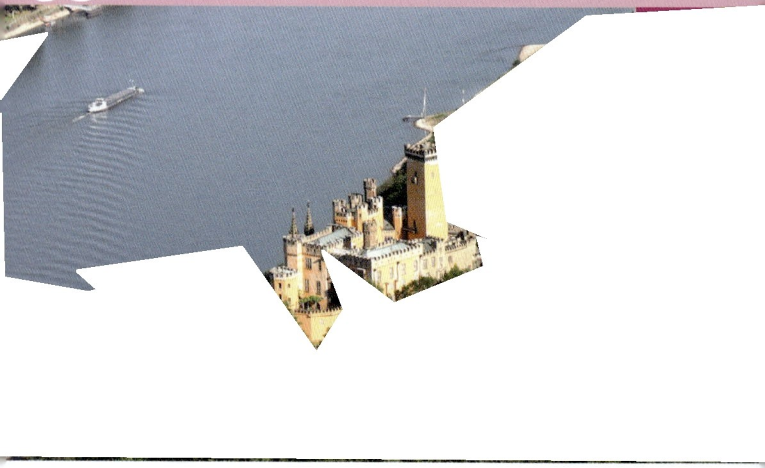

| 14,4 (+3,5) | 5h 30min | 440 463 | 355 | 1069 1255 | |
|---|---|---|---|---|---|
| km | ◷ | ↑ ▲▲ ↓ | ▲ | ♀ 🍎 ♂ | ⬇ WESX9X1 |

**Start:** Rhens, Viehtor
**Ziel:** Koblenz, Laubachtal

**Anfahrt:** Rhens und Koblenz erreicht man am besten durchs Rheintal auf der B 9.

**Parken:** Rhens, Bramleystraße
N50° 16′ 50.2″ • E7° 36′ 55.7″
Koblenz, Rittersturz
N50° 19′ 40.2″ • E7° 34′ 54.9″
Koblenz, Laubachtal
N50° 19′ 54.6″
E7° 34′ 58.3″

scan to go®

**Wegpunkte:**
**P1** Rhens, Viehtor
32 U 401355 5570748
**P2** Marksburg-Blick
32 U 400791 5571163
**P3** Schüllerhof
32 U 398712 5572835
**P4** Abzweig Stolzenfels
32 U 399495 5572934
**P5** Weidgenhöhe
32 U 399276 5574566
**P6** Dommelsberg
32 U 399221 5575035
**P7** Rittersturz
32 U 399094 5576065
**P8** Koblenz-Laubachtal
32 U 399185 5576554

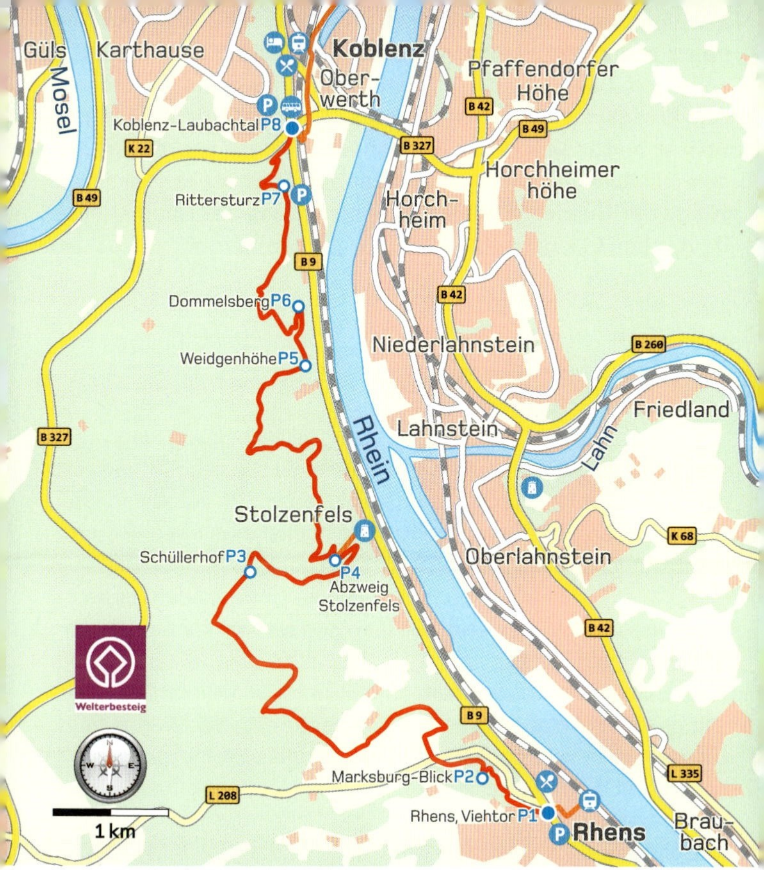
Güls
Karthause
Mosel
Koblenz
Ober-
werth
Pfaffendorfer
Höhe
Koblenz-Laubachtal P8
K 22
B 42
B 49
B 327
Horchheimer
höhe
Rittersturz P7
B 49
Horch-
heim
B 9
B 42
Dommelsberg P6
Niederlahnstein
B 260
Weidgenhöhe P5
Friedland
B 327
Lahnstein
Rhein
Lahn
Stolzenfels
K 68
Schüllerhof P3
P4
Abzweig
Stolzenfels
Oberlahnstein
B 42
Welterbesteig
B 9
L 335
Marksburg-Blick P2
L 208
Rhens, Viehtor P1
Rhens
Brau-
bach
1 km

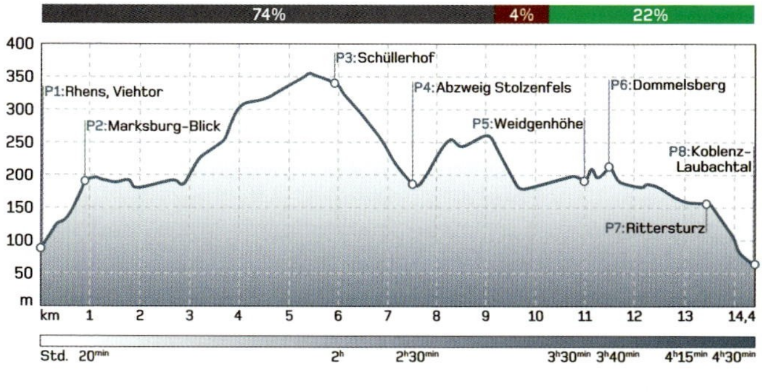
74%
4%
22%
400
350
300
250
200
150
100
50
m
P1:Rhens, Viehtor
P2:Marksburg-Blick
P3:Schüllerhof
P4:Abzweig Stolzenfels
P5:Weidgenhöhe
P6:Dommelsberg
P7:Rittersturz
P8:Koblenz-
Laubachtal
km 1 2 3 4 5 6 7 8 9 10 11 12 13 14,4
Std. 20min 2h 2h30min 3h30min 3h40min 4h15min 4h30min

**Heute steht Waldwandern auf königlichen Spuren im Vordergrund. Denn gleich nach dem Auftakt lockt ein Abstecher zum Königsstuhl, wo einst deutsche Könige gekürt wurden. Später bietet sich ein Abstecher zum Schloss Stolzenfels, dem Sinnbild der Rheinromantik an. Am Ende stehen wir an der Wiege der Bundesrepublik, bevor es entlang des Rheins zum Deutschen Eck geht.**

Am Viehtor von Rhens **(1)** nehmen wir die Spur des Welterbesteigs wieder auf, um uns dem Schlussspurt bis Koblenz zu stellen. Die Etappe wird erst am Ende vom Rheinburgenweg abweichen, streckenweise begleitet uns auch der Traumpfad Wolfsdelle.

Wir folgen vom Wegweiser aus einem stramm ansteigenden Weg. Bald endet der Asphalt, und das letzte Haus bleibt zurück. Erste Hecken flankieren den Weg, bis wir leicht außer Atem auf einen Querweg stoßen.

Hier bietet sich nach nur **0.3 km** ein erster Abstecher nach rechts an: Der geschichtsträchtige, steinerne Königsstuhl, an dem sich im Mittelalter die deutschen Kurfürsten zur Wahl des Königs versammelten, liegt nur 100 m entfernt und bietet zudem auch noch einen Premiumblick zur Marksburg.

Der Welterbesteig biegt an dieser Stelle regulär nach links ab, nutzt jedoch schon die nächste Gelegenheit, um uns rechts auf einen Feldweg zu führen. Auch diesem folgen wir nur kurz, denn am nächsten Wegweiser werden wir nach links geschickt. Bald verengt sich der Weg zum Pfad und schwingt sich mit einem Linksknick in die Flanke des Schamberges.

Anfangs in Serpentinen, nach einer willkommenen Bank dann aber eher in gerader Linie erobern wir den Berg und halten uns am Waldrand links. Wir passieren einen Sendemast und genießen danach den herrlichen Blick über Rhens zum Rhein **(2)**, von dessen

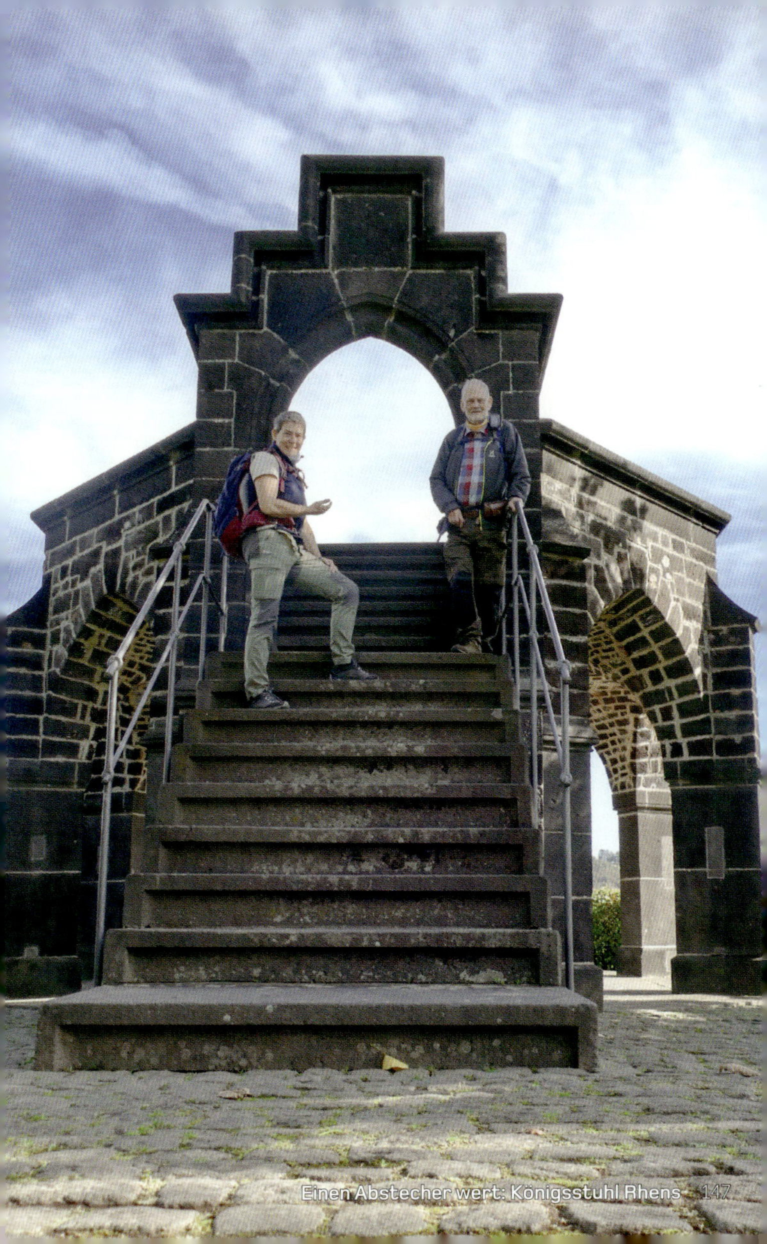

Einen Abstecher wert: Königsstuhl Rhens

anderem Ufer aus der Ferne die majestätische Marksburg grüßt.

Nun taucht der Welterbesteig im Rechtsbogen in den Wald und führt uns mit erneutem Richtungswechsel am alten jüdischen Friedhof vorbei. Erstmals geht es nun leicht abwärts, und am Waldrand stoßen wir auf einen Querweg, dem wir rechts zur nahen L 208 folgen. Nach Querung der Straße wandern wir auf breitem, geschotterten Feldweg durch die offene Flur und verlieren an Höhe.

Am Waldrand treffen wir auf die Antonius-Kapelle, wenden uns aber schon kurz vorher links einem idyllischen Waldpfad zu. Nun zeigt der Steg mal wieder, welches Potential in ihm steckt, denn nun folgt eine Waldpassage durch herrlich alten Laubmischwald, in dem immer wieder mächtige Buchen unsere Aufmerksamkeit fesseln.

Wir passieren einen Rastplatz und queren nach kurzem Abstieg ein Seitental, bevor wir eine Wegkreuzung mit Wegweiser erreichen. Der schickt uns halb links Richtung Waldrand. Zugleich beginnt nun der nächste, lange Anstieg. Bald verlassen wir den Wald und ignorieren einen Querweg. Im weiten Bogen, anfangs noch durch Gehölz, bald aber über eine Wiese streben wir dem nächsten Waldrand zu.

Dort erwartet uns nach **3.2 km** eine urbequeme Sinnesbank mit herrlichem Blick zum Rheintal. Der Traumpfad verabschiedet sich nach links, während wir nach aussichtsreicher Pause dem schmalen Waldweg ins schummrige Grün folgen.

Herrlich gestufter Hochwald sorgt für Schatten und wohltuende Stille, während wir zunächst noch gemächlich an Höhe gewinnen. Das ändert sich deutlich, nachdem wir einen kleinen Bach gequert haben und links auf einen breiten Waldweg wechseln. Merklich steiler als zuvor gilt es nun den Berg zu erobern. Bald dürfen wir geradeaus auf einen Waldpfad wechseln,

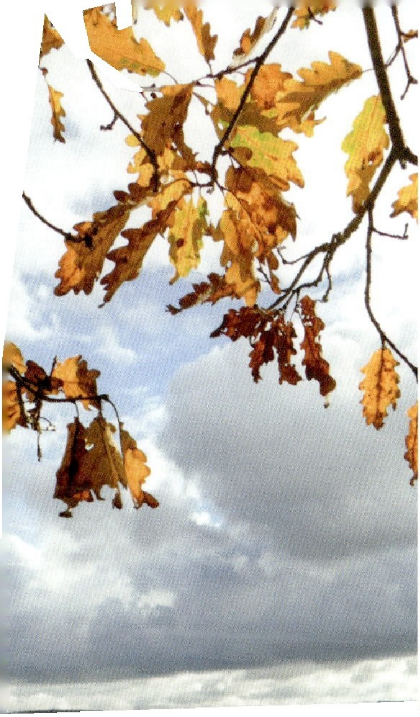

der allerdings nicht minder stramm bergan führt. Erst als wir am Wegweiser Maulbeerkopf auf einen befestigten Forstweg stoßen und rechts abbiegen, wird es flacher.

Vorbei an einer sonnenüberfluteten Waldlichtung wandern wir sanft aufwärts und frönen kurz darauf wieder dem „Waldwandern" unter hohen Wipfeln. Mit einigen Schlenkern führt uns der Steig durch den Wald, abzweigende Wege ignorieren wir.

Schließlich begleitet uns rechts wieder eine Lichtung, wir laufen geradeaus über einen markanten Querweg und stehen wenig später nach **5.4 km** am Wegweiser und Abzweig zum Merkurtempel. Doch uns zieht es weiter, und so biegen wir an dieser T-Kreuzung rechts ab und laufen auf dem bequemen , sanft abfallenden Weg weiter Richtung Koblenz.

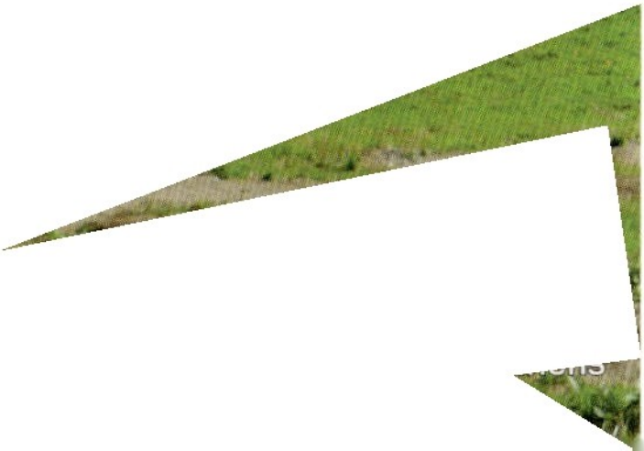

Bald lichtet sich der Wald, eine Folge der Trockenjahre, und wir können in Augenschein nehmen, wie sich eine solche gerodete Fläche rasant neu besiedelt. Im Spätsommer sorgen die filigranen Wedel des Stolzen Heinrich für leuchtend gelbe Farbtupfer im Grün des Waldes.

Dann erspähen wir durch die Stämme der verbliebenen Fichten einen ersten zaghaften Blick zum Rheintal. Wir freuen uns sehr, als nach **5.9 km** an der Kreuzung Schüllerhof **(3)** dann noch zwei Bänke unter neu gepflanzten Schattenbäumen zur Rast im Wald einladen.

Erholt setzen wir die Wanderung fort und tauchen bald wieder in den Wald ein. An der nächsten Kreuzung biegen wir rechts ab und verlieren auf breitem Forstweg gemütlich an Höhe. Bald reißt die Baumkulisse wieder auf, und unser Weg führt durch ein weiteres Rodungsareal, auf dem aber bereits frisches Grün zum Licht strebt.

Zudem ergeben sich weitere Fernblicke zum Rhein. Noch einmal wiederholt sich das Wechselspiel aus Waldpassage und neuer Lichtung. Da wir uns aber dem Rheintal wieder ein Stück angenähert haben, fällt der Ausblick nun detailreicher aus, und wir erkennen sogar die Festung Ehrenbreitstein in Koblenz.

Nach **6.9 km** schließt sich der Wald wieder um uns und wir gelangen kurz darauf an eine Weggabelung. Hier laufen wir links weiter bergab. Bald knickt der Welterbesteig mit einer scharfen Linkskurve talwärts und bringt uns nach weiterem Abstieg zu einer Mehrfachkreuzung.

An dieser Stelle **(4)** zweigt auch der Zuweg zum nahen Schloss Stolzenfels ab, dessen Baustil mit verspielten Türmchen Rheinromantik pur widerspiegelt. Von dessen Terrasse kann man zudem ei-

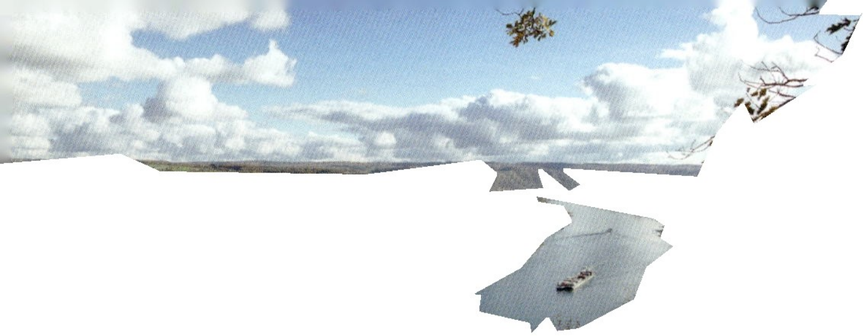

nen fabelhaften Blick auf Vater Rhein genießen. Wer mag, kann an dieser Stelle dem 600 m entfernten Schloss einen Besuch abstatten.

Wir folgen dem Welterbesteig halb rechts, umrunden bei einer kleinen Schutzhütte ein Seitental und starten zum nächsten Anstieg. Der gestaltet sich zunächst moderat, nachdem wir aber eine Spitzkehre nach links absolviert haben, wird es deutlich anstrengender.

Schritt für Schritt steigen wir oberhalb des Gründgesbaches bergan, erreichen die nächste scharfe Kurve (diesmal nach rechts) und setzen den strammen Anstieg durch schattigen Hallenwald fort. Erst nachdem ein Weg zur Augustahöhe links abzweigt, wird der Wegverlauf deutlich flacher und die Waldkulisse öffnet sich an der nächsten Rodungslichtung.

Noch etwas außer Atem bleiben wir gerne stehen, um die tolle Aussicht zum Rhein zu genießen, wo Burg Lahneck hoch über der rechten Flussseite keck ihren Turm in den Himmel reckt. Nach der nächsten Kurve weitet sich der Blick über die gerodete Hangflanke aus und wir erkennen voraus die mächtige Festung Ehrenbreitstein. Auch die Lahnmündung und die Lahneck bleiben weiter im Fokus der grandiosen Talsicht.

Nach **8.3 km** ist es dann aber Schloss Stolzenfels, das zum Greifen nah zu sein scheint. Detailliert zeichnen sich die Türmchen und Zinnen ab und wir sind entzückt von der neu gewonnenen Aussicht. Am Ende der Freifläche passieren wir noch eine Bank, bevor wir voller neuer Eindrücke wieder in den Wald wechseln.

Wenig später treffen wir an einem Querweg auf einen Wegweiser und die Rot-Weiß-Hütte. Wir halten uns rechts und genießen im weiteren Verlauf entspanntes Waldwandern auf breitem Forstweg. Nach kurzem Asphaltstück senkt sich unser Weg deutlich ab, und wir nähern uns dem Siechhaustal.

Einige von links einmündende Wege ignorieren wir, wandern gemächlich durch den Buchenhallenwald und umrunden schließlich nach **9.9 km** den Siechhausbach in einer Rechtskurve. Wir bleiben auf dem breiten, bequem zu laufenden Weg und nehmen den nächsten Anstieg in Angriff. Artenreicher Wald und die ein oder andere Felsklippe sorgen für Abwechslung, während wir an Höhe gewinnen.

Schließlich stoßen wir an einer Kreuzung auf den nächsten Wegweiser: Hier biegen wir rechts auf einen Waldweg zur nahen Weidgenhöhe ab.

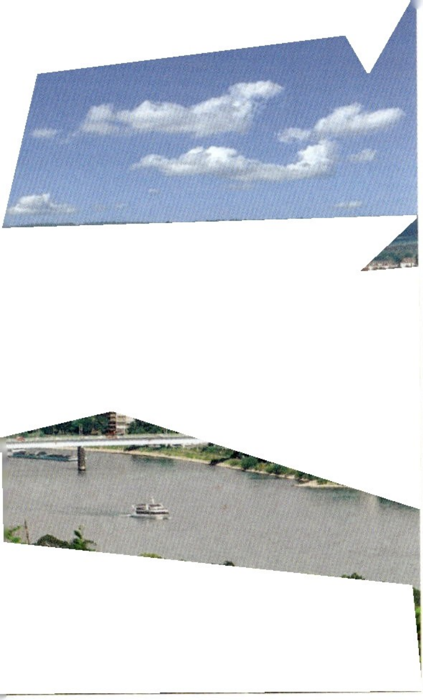

Dort bietet sich an der kleinen Schutzhütte (5) und zwei Bänken die nächste willkommene Rastmöglichkeit. Zudem öffnet sich ein toller Blick zum Rhein, und auch Schloss Stolzenfels, Burg Lahneck und die Lahnmündung liegen uns zu Füßen.

Die breiten Forstwege sind nun weitgehend hinter uns, und wir freuen uns, der Hangkante auf idyllischem Waldweg im munteren Auf und Ab zu folgen. In einer Senke biegen wir rechts pfadig bergan, laufen über den etwas holprigen Grund eines uralten Keltenwalls und stehen nach 11.5 km an der nächsten Aussicht mit Bänken und Schutzhütte: Wir sind auf dem Dommelsberg (6) angelangt und von der tollen Aussicht rheinabwärts begeistert.

Der Welterbesteig folgt nun einem Waldpfad bergab, ignoriert dabei abzweigende Wege und stößt schließlich an einer Bank noch einmal auf einen breiten Weg. Dem folgen wir aber nur wenige Meter nach links, denn dann stehen wir schon am nächsten Wegweiser, der uns rechts auf einen Pfad schickt. Wer zum Parkplatz Lichte Eiche möchte, kann hier links weiterlaufen.

Wir aber genießen den schmalen Weg und freuen uns am luftigen Wald. Ein kleiner Steg führt uns nach 12.5 km über den meist trockenen Königsbach. Kurz darauf führt unser Weg an einem Privatgelände vorbei. Wir queren die Zufahrt und folgen dem Pfad weiter durch den kühlen Wald, der immer wieder durch alte Baumriesen geprägt ist. So erreichen wir einen Wegweiser, an dem der Rheinburgenweg scharf links abknickt.

Wir aber laufen mit dem Welterbesteig und dem Zuweg nach Koblenz geradeaus weiter und treffen wenige Schritte später nach **13.4 km** am Rittersturz ein **(7)**. Wegen eines Geländers können wir die Aussicht nicht so gut genießen, aber es sind die historischen Werte, die diesen Ort so besonders machen. Denn hier stehen wir tatsächlich an der Wiege der modernen Bundesrepublik Deutschland.

Das Denkmal erinnert an die Rittersturzkonferenz, auf der 1948 die elf westdeutschen Ministerpräsidenten die

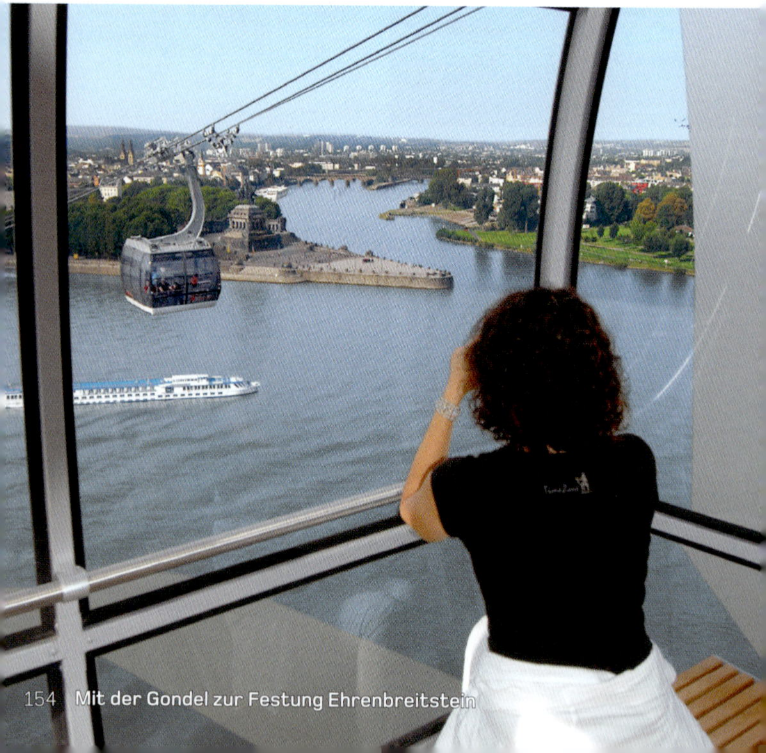

Gründung der Bundesrepublik vorbereiteten.

Nach dem Ausflug in die deutsche Geschichte folgen wir rechts der Zufahrtsstraße und wechseln an einem Wegweiser rechts auf einen Pfad. Mit einigen Schlenkern verlieren wir deutlich an Höhe und treffen schließlich wieder auf die Zufahrt zum Rittersturz.

Nun folgen wir dieser nach rechts und erreichen den Parkplatz im Laubachtal am Stadtrand von Koblenz.

Dann sind es nur noch einige wenige Schritte bis zur Bushaltestelle **(8)** unter der Hochbrücke, wo der Welterbesteig nach **14.4** Tageskilometern und insgesamt knapp 118 Streckenkilometern zu Ende geht.

**ZUWEG:** *Wer sich dem Ende des UNESCO Welterbes Unteres Mittelrheintal zu Fuß nähern möchte, folgt den gelb-roten Markierungen zum Deutschen Eck und zum Hauptbahnhof. Der Zuweg nutzt nach dem Parkplatz Laubachtal zunächst eine Unterführung unter der B 9, passiert dann das Stadion und unterquert Hochbrücke und Eisenbahntrasse. Danach schwenkt er ans Rheinufer. Vorbei am Denkmal von Kaiserin Augusta führt die Route unmittelbar am Ufer entlang. Nach* **2.1 km** *biegt am Markenbildchenweg der Zuweg zum Hauptbahnof (noch weitere 700 m) ab. Das Deutsche Eck am Zusammenfluss von Rhein und Mosel erreicht man nach* **4.3 km** *Zuwegung und kann nun mit Blick auf die Festung Ehrenbreitstein im Schatten des Kaiserdenkmals die Wanderung entlang des Welterbes ausklingen und Revue passieren lassen.*

## FAZIT

Die Tour verlangt gute Kondition, da einige, teils steile Steigungen zu überwinden sind. Festes Schuhwerk ist aufgrund des Wegformats und bei nasser Witterung wichtig, Stöcke sind hilfreich.

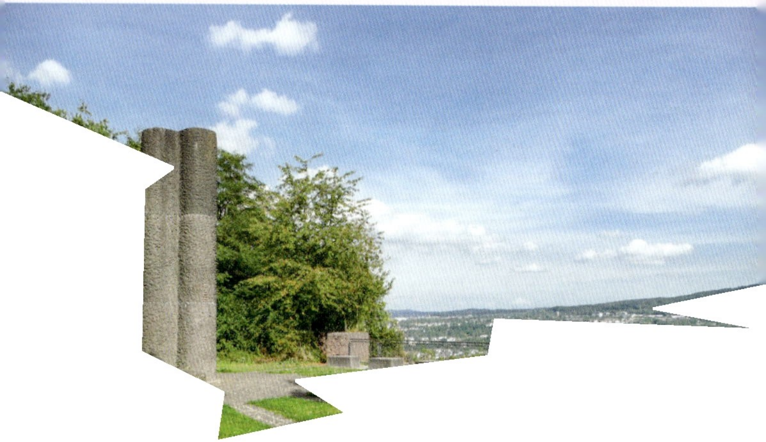

## Wiege der Bundesrepublik Deutschland

*Heute ist der Rittersturz in erster Linie ein schöner Aussichtspunkt oberhalb von Koblenz. Doch eigentlich ist er die Wiege der Bundesrepublik Deutschland. Denn vom 8. bis 10. Juli 1948 fand hier die Rittersturz-Konferenz statt, auf der die elf westdeutschen Ministerpräsidenten über die sogenannten Frankfurter Dokumente berieten. Diese Dokumente gaben vonseiten der Besatzungsmächte die Bedingungen für einen neu zu gründenden Staat vor. Am Ende der Beratungen wurden die Koblenzer Beschlüsse verabschiedet, die einen ersten wesentlichen Schritt zur Vereinigung der drei westlichen Besatzungszonen zur späteren Bundesrepublik darstellten. Der Vorschlag nahm dabei in Kauf, dass die sowjetische Besatzungszone andere Wege gehen und es dadurch zur Teilung Deutschlands in zwei Staaten kommen würde. Um Provokationen zu vermeiden, wollte man die zukünftige rechtliche Grundlage des neuen Staates nicht „Verfassung", sondern „Grundgesetz" nennen.*

Tourist-Info Erlebnis Rheingoldbogen, Am Viehtor 2, 56321 Rhens
02607/49510 www.rhens.de
- Tourist-Info im Forum Confluentes, Zentralplatz 1, 56068 Koblenz, 0261/1291610, www.koblenz-touristik.de

Restaurant Pegelhaus Konrad-Adenauer-Ufer 1, 56068 Koblenz 0261/91489644 www.pegelhaus-koblenz.de
- Wirtshaus Alt Coblenz, Am Plan 13, 56068 Koblenz, 0261/160656, www.alt-coblenz.de

Hotel Brenner, Rizzastr, 20-22, 56068 Koblenz, 0261/915780, www.hotel-brenner.de
- Hotel Ibis Koblenz, Rizzastr, 42, 56068 Koblenz, 0261/30240, www.ibishotel.com
- Diehls Hotel, Rheinsteigufer 1, 56077 Koblenz, 0261/97070, www.diehls-hotel.de
- Jugendherberge Festung Ehrenbreitstein, 56077 Koblenz, 0261/972870, www.diejugendherbergen.de

Campingplatz Rhein-Mosel, Schartwiesenweg 6, 56070 Koblenz, 0261/82719, www.camping-rhein-mosel.de
- Wohnmobilstellplatz und Campingplatz Gülser Moselbogen, Am Gülser Moselbogen 20 56072 Koblenz-Güls, 0261/44474, www.moselbogen.de
- Wohnmobilstellplatz am Autohof, Rübenacher Wald/über Trierer Str., 56072 Koblenz-Metternich, 0261/19433, www.koblenz-touristik.de
- Wohnmobilstellplatz Rauental, Pastor-Klein-Str. , 56073 Koblenz-Rauental, 0261/19433, www.koblenz-touristik.de

Der Regionalverkehr hält in Rhens im Stundentakt. In Koblenz halten auch überregionale Fernzüge. Vom Ziel kann man zu Fuß (3.1 km) oder mit dem Bus zum Bahnhof gelangen. www.mittelrheinbahn.de

Taxi Koblenz eG, 0261/33055
- Taxi Untermosel Berenz, 02606/2153

Die Etappe weist keine außergewöhnlich anspruchsvollen Schlüsselstellen auf.

Hunde können die Tour problemlos absolvieren. Unterwegs gibt es keinen Zugang zu offenem Wasser.

## 01 Rheinburgenweg: Baumgeistertour

**Start/Ziel:** Forsthaus Jägerhaus, Binger Wald

RS16TX2

**Parken:** Jägerhaus
N49° 59' 03,4" • E7° 49' 38,8"
Bodmannstein
N49° 58' 22,5" • E7° 50' 18,6"

15,7 km | 5h 00min | 459

Die Tour beginnt mit einem Paukenschlag: der Steckeschlääferklamm, in der zahlreiche Baumgeister um Aufmerksamkeit buhlen. Nach einer (römischen) Stippvisite in der Villa Rustica geht es weiter zur abenteuerlichen Hängebrücke. Anschließend begeistern tolle Pfade und atemberaubende Rheintalblicke. Der Eselspfad führt zur Burg Rheinstein und weiter ins idyllische Morgenbachtal, bevor es über den Schägleberg zurück zum Jägerhaus geht.

## 02 Rheinburgenweg: Schellengang

**Start/Ziel:** Oberdiebach, Fürstenberghalle

RS15TX3

**Parken:**
Fürstenberghalle Oberdiebach
N50° 02' 03,1" • E7° 46' 45,7"

11,2 km | 3h 45min | 407

Der Schellengang führt in kulturhistorisch reizvoller Umgebung zu tollen Aussichten auf Vater Rhein und in verträumte Wälder zwischen Heimbach- und Diebachtal. Die Chance auf eine Begegnung mit halbwilden Exmoor-Ponys rundet die kurzweilige Rundtour ab.

## 03 Rheinburgenweg: St. Oswald Schleife

**Start/Ziel:** Manubach, Gemeindehalle

RS15TXB

**Parken:**
Gemeindehalle Manubach
N50° 01' 54,3" • E7° 46' 05,1"

10,9 km | 4h 00min | 450

Die Schleife führt rund um Manubach durch reizvolle und abwechslungsreiche Landschaft. Weinberge, Gehölze, aber auch lauschige Täler mit Fels und Wasser sorgen für Hochstimmung. Tolle Ausblicke und der historische Ortskern von Manubach krönen die Tour.

## 04 Rheinburgenweg: Stahlbergschleife

RheinBurgenWeg

**Start/Ziel:** Bacharach, Malerwinkel

RS14TX4

**Parken:** Bacharach Rheinufer (gebührenpflichtig)
N50° 03′ 37,3″ • E7° 46′ 10,6″

13,0 km · 4h 00min · 474

Vom Malerwinkel geht es zu den Burgen Stahleck und Stahlberg. Abenteuerliche Steige entlang der alten Stadtbefestigung präsentieren grandiose Rheinblicke. Die Natur ist sehr beeindruckend: Herrliche Seitentäler sorgen für Wandergenuss, und weit schweifen die Blicke über offene Wiesen. Geologischer Höhepunkt ist die große Schieferhöhle im Borbachtal.

## 05 Traumschleifchen: Pfalzblick

Traumschleifchen Saar-Hunsrück

**Start/Ziel:** Langscheid, Gemeindehaus

PSW2X3X9

**Parken:** Nahe Pfalzblick an K 81
N50° 05′ 33,1″ • E7° 44′ 39,0″
Gemeindehaus Langscheid
N50° 04′ 46,0″ • E7° 44′ 42,6″

6,1 km · 2h 15min · 153

Das Traumschleifchen Pfalzblick bietet nahezu alles, was das Welterbe „Oberes Mittelrheintal" auszeichnet: herrliche Weitblicke, lauschige Gehölz- und Waldpassagen, grandiose Rastplätze. Und immer wieder trutzige Burgen, wobei das Highlight die Zollburg Pfalzgrafenstein mitten im Rhein ist.

## 06 Rheinburgenweg: Schwede-Bure-Tour

RheinBurgenWeg

**Start/Ziel:** Oberwesel, Schaarplatz

RSX4T14

**Parken:** Tiefgarage Schaarplatz
N50° 06′ 26,8″ • E7° 43′ 35,1″
Wanderparkplatz Hardthöhe (K 92)
N50° 05′ 58,1″ • E7° 41′ 33,4″

12,1 km · 4h 00min · 419

Die Schwede-Bure-Tour vereint kulturelle Höhepunkte wie die Stadtmauer und die Liebfrauenkirche in Oberwesel mit herrlichen Naturpassagen und grandiosen Ausblicken. Immer wieder begeistern neue Perspektiven zum Rhein und zur Schönburg, bevor uns am Schwede-Bure lauschige Romantik erwartet.

## 07 Traumschleife: Mittelrhein

**Start/Ziel:** Wanderparkplatz Spitzer Stein (K 97 nahe St. Goar)

**Parken:** Wanderparkplatz Spitzer Stein
N50° 07' 48,0" • E7° 41' 33,7"

WESTSX7

15,2 km · 5h 00min · 570

Schon der Auftakt am Spitzen Stein ist atemberaubend! Vom Aussichtsturm aus bekommen wir einen tollen Überblick und folgen der streckenweise herausfordernden Traumschleife Richtung Rheintal. Dort eröffnen sich grandiose Ausblicke auf die Burgen in Oberwesel und Kaub und natürlich auch auf die Pfalzgrafenstein mitten im Rhein. Beschwingt folgen wir Vater Rhein, bevor es von St. Goar stramm zurück zum Spitzen Stein geht.

## 08 Traumschleife: Rheingold

**Start/Ziel:** Parkplatz Padelsbach (Kreuzung K 114/ K 115)

**Parken:** Parkplatz Padelsbach
N50° 10' 02,8" • E7° 37' 42,8"

RS13TX6

10,7 km · 4h 00min · 415

Rheingold – der Name verspricht nicht zu viel. Die Traumschleife besticht durch eine Vielzahl atemberaubender Aussichten und eine kurzweilige Wegführung durch einen der eindrucksvollsten Abschnitte des Welterbetals Mittelrhein. Kondition und Trittsicherheit sollte man aber schon mitbringen, um diesem traumhaften Weg seine goldene Seite abgewinnen zu können.

## 09 Traumschleife: Fünfseenblick

**Start/Ziel:** Bad Salzig, Kurpark

**Parken:** Kurpark Salzbornstraße (L 212)
N50° 12' 09,2" • E7° 07' 34,8"

RS11TX7

10,5 km · 3h 15min · 476

Die Traumschleife Fünfseenblick vereint gepflegte Kurparkumgebung mit idyllischen Pfaden entlang des Rheinplateaus und durch urige Eichenwälder. Dazu gibt es sagenhaft schöne Ausblicke, die mit dem Fünfseenblick vom Aussichtsturm gekrönt werden.

## 10 Traumschleife: Marienberg

**Start/Ziel:** Boppard, Marienberger Park

**Parken:** Parkdeck Marienberg
N50° 13′ 47,8″ • E7° 35′ 48,2″

RSX5T13

12 km | 4h 00min | 453

Vom gepflegten Bopparder Marienberger Park aus führt uns die Traumschleife durch das idyllische Bruder Michels Tal und urige Krüppeleichenwälder zu ausgedehnten Streuobstarealen bei Buchenau. Zurück an der Hangkante des Rheintals erwartet uns eine anspruchsvolle und grandiose Pfadpassage, die uns zudem tolle Ausblicke beschert.

## 11 Traumschleife: Elfenlay

**Start/Ziel:** Boppard, Bahnunterführung „Bopparder Elfenlay"

**Parken:** Remigiusplatz/Mühltal
N50° 14′ 06,6″ • E7° 34′ 38,0″
Flogtstraße (Sa., So. und Feiertag)
N50° 14′ 05,1″ • E7° 34′ 38,9″

RS1XTX8

10,8 km | 3h 45min | 451

Gleich drei idyllische Täler erschließt die Traumschleife Elfenlay und führt uns dabei durch rauschende Wälder, zu moosbewachsenen Felsen und über luftige Streuobstwiesen. Dazu gibt es sagenhaft schöne Ausblicke und immer wieder spannende Begegnungen mit der Hunsrückbahn.

## 12 Traumschleife: Mittelrhein Klettersteig

**Start/Ziel:** Boppard, Zum Mühlchen

**Parken:** Talstation (Gebühr)
N50° 14′ 06,2″ • E7° 34′ 37,4″

RSX9TX9

5,1 km | 3h 00min | 286

Abenteuer und Ausblicke – zwei Worte, die diesen Klettersteig an der Rheinschleife beschreiben. Ein Erlebnis der Extraklasse erwartet den Wanderer auf diesem anspruchsvollen Rundkurs um Boppard. Mit der richtigen Ausrüstung ist am Ende klar: Schöner kann Wandern im UNESCO-Welterbe Oberes Mittelrheintal kaum sein.

## 13 Traumpfad: Rheingoldbogen

**Start/Ziel:** Ortsmitte Brey

**Parken:** Dorfplatz
N50° 16′ 22,9″ • E7° 37′ 41,5″
Friedhof
N50° 16′ 11,2″ • E7° 37′ 43,8″

TP19TX1

12,5 km | 3 h 45 min | 257

TRAUMPFADE Rhein-Mosel-Eifel-Land

Von Brey aus steigt der Weg durch Gehölze in freie, aussichtsreiche Flur an. Rund um den Jakobsberg folgen idyllische Waldpassagen, bevor wir die Hangkante erreichen und uns die berühmte Bopparder Rheinschleife mit ihren bekannten Weinlagen zu Füßen liegt. Kurzweilig geht es durch Reben und Hecken zurück nach Brey. Die Tour erfordert normale Kondition und wirkt am schönsten im Herbst, wenn das Weinlaub rotgolden leuchtet.

## 14 Traumpfädchen: Spayer BlickinsTal

**Start/Ziel:** Wanderparkplatz nahe Grünschnittsammelstelle Spay

**Parken:** Wanderparkplatz Spay
N50° 15′ 28,6″ • E7° 38′ 38,7″

TPP09X02

6,1 km | 2 h 00 min | 216

traumpfädchen Rhein-Mosel-Eifel-Land

Er macht seinem Namen alle Ehre – der „Spayer BlickinsTal". Denn neben herrlichen Blicken zur trutzigen Marksburg begeistert der Weg auch mit weiten Fernblicken über das Rheinplateau und schönen Aussichten auf Vater Rhein. Dazwischen sorgen Wald und Flurpassagen, aber auch Gehölzabschnitte für besondere Momente.

## 15 Traumpfad: Wolfsdelle

**Start/Ziel:** Marktplatz Rhens

**Parken:** Bramleystraße
N50° 16′ 50,2″ • E7° 36′ 55,7″

TP16TX4

10,7 km | 3 h 15 min | 306

TRAUMPFADE Rhein-Mosel-Eifel-Land

Vom historischen Marktplatz führt die Tour hinauf zum Königsstuhl, mit Blick auf Rhein und Marksburg. Anschließend setzt sich der Aufstieg durch Wald und Flur fort. Nach Querung des Mühlbachtals erobern wir das Plateau am Kriesenkopf und genießen grandiose Weitblicke. Die Tour ist ideal für Familien und Einsteiger und eine aussichtsreiche Halbtagestour.

# Traumtouren E-Bike & Bike

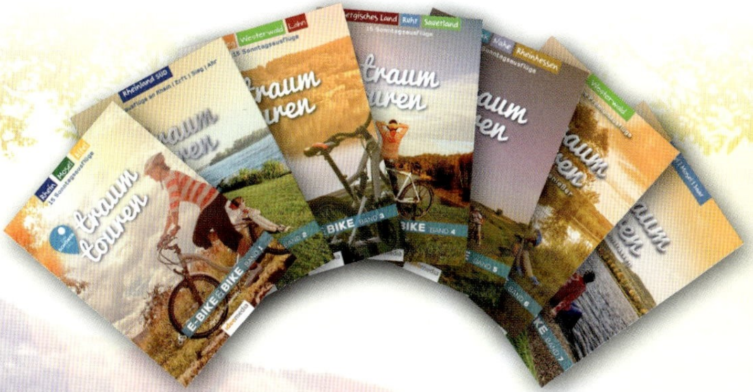


## Fahr mal hin ...
Neue Entdeckungen mit E-Bike und Bike

| | | |
|---|---|---|
| 14,95 € | ISBN 978-3-942779-37-1 | Band 1: RHEIN-MOSEL-EIFEL |
| 14,95 € | ISBN 978-3-942779-55-5 | Band 2: RHEINLAND SÜD |
| 14,95 € | ISBN 978-3-942779-39-5 | Band 3: SIEG/WESTERWALD/LAHN |
| 14,95 € | ISBN 978-3-942779-40-1 | Band 4: BERGISCHES LAND/SAUERLAND/RUHR |
| 14,95 € | ISBN 978-3-942779-41-8 | Band 5: HUNSRÜCK/NAHE/RHEINHESSEN |
| 14,95 € | ISBN 978-3-942779-42-5 | Band 6: WESTERWALD |
| 14,95 € | ISBN 978-3-942779-61-6 | Band 7: EIFEL-MOSEL-SAAR |

www.ideeme

# Entfernungen Welterbesteig

**Bingen, Nahemündung** KM 0,0

- P 0,2 km
- Übernachtung/Gastronomie ab 0,2 km
- Bahn 0,2 km
- Schiff 0,5 km
- Rheinburgenweg
- Soonwaldsteig
- Hildegard von Bingen Pilgerwanderweg

**Abzweig Hbf. Bingen** KM 0,5

- Bahn 0,5 km
- Gastronomie 0,2 km

**Forthaus Heiligkreuz** KM 5,3

- P 0,1 km
- Gastronomie 0 km
- Kreuzbachklamm Rundweg

**Burg Rheinstein** KM 8,8

- Schiff 0,6 km
- Burg 0,2 km
- Gastronomie 0,2 km

**Abzw. Trechtingshausen** KM 10,5

- P 1,4 km
- Übernachtung/Gastronomie 1,3 km
- Bahn 1,3 km

**Abzweig Jägerhaus** KM 13,9

- P 0,2 km
- Übernachtung/Gastronomie ab 0,2 km
- Baumgeistertour
- Soonwaldsteig
- Hildegard von Bingen Pilgerwanderweg

**Abzweig Burg Sooneck** KM 21,3

- Burg 0,4 km
- Gastronomie 0,4 km

**Niederheimbach** KM 24,9

- Bahn 0,2 km
- Schiff 0,5 km
- Übernachtung/Gastronomie 0,2 km

**Abzweig Rheindiebach** KM 26,6

- P 0,7 km
- Übernachtung/Gastronomie 0,7 km

**Oberdiebach Bürgerhaus** KM 28,4

- P 0 km
- Schellengang

**Burg Stahleck** KM 36,0

- P 0,3 km
- Burg 0 km
- Bahn 0,4 km
- Stahlbergschleife
- Übernachtung/Gastronomie 0,1 km

**Bacharach Malerwinkel** KM 36,4

- P 0,3 km
- Übernachtung/Gastronomie 0,1 km
- Bahn 0,7 km
- Schiff 0,5 km

**Abzw. Stahlbergschleife** KM 38,2

- Gastronomie 9,0 km
- Stahlbergschleife
- Burg 4,5 km

### Abzweig Fähre Kaub — KM 42,8

*1,0 km*

*Traumschleifchen Pfalzblick*

### Pfalzblick — KM 45,3

*0 km*

*0,7 km Traumschleifchen Pfalzblick*

### Schönburg — KM 49,0

*0,1 km*

*0 km*

*0 km*

### Oberwesel — KM 50,1

*0,6 km*

*1,1 km*

*0 km*

### Abzw. Günderode Haus — KM 51,9

*0,1 km*

*Traumschleife Mittelrhein*

### Beulsberghütte — KM 54,1

*Traumschleife Mittelrhein*

### Maria Ruh — KM 55,6

*0,1 km*

### Abzweig Biebernheim — KM 58,3

*0,6 km*

*0,6 km Traumschleifchen Spitzer Stein*

### Abzweig St. Goar — KM 58,7

*0,5 km*

*0,5 km*

*0,2 km*

*0,6 km*

### Burg Rheinfels — KM 59,6

*0 km*

*0 km*

*0 km*

### Abzweig Fellen — KM 64,1

*0,7 km*

### Abzweig Hirzenach — KM 71,1

*0,9 km*

*0,9 km*

*0,8 km*

*Traumschleife Rheingold*

### Abzweig Weiler — KM 76,0

*0,4 km*

*Traumschleife Fünfseenblick*

### Bad Salzig — KM 79,5

*0,3 km*

*0,6 km*

*0,1 km*

*Traumschleife Fünfseenblick*

### Boppard Süd — KM 83,9

*0,6 km*

*1,2 km*

*1,8 km*

*ab 0,8 km*

*Traumschleife Marienberg*

# Entfernungen Welterbesteig

## Boppard Nord (Mühlental) KM 89,0

- Parken: 0,1 km
- Übernachten/Essen: ab 1,0 km
- Bahn: 0,9 km
- Fähre/Schiff: 1,5 km

*Rheinburgenweg*

*Saar-Hunsrück-Steig*

*Traumschleife Mittelrhein Klettersteig*

## Gedeonseck KM 90,1

- Parken: 0 km
- Übernachten/Essen: 0 km

## Vierseenblick KM 90,6

- Parken: 0,1 km
- Essen: 0,1 km

## Jakobsberger Hof KM 93,6

- Übernachten/Essen: 0,1 km

*Traumpfad Rhein-goldbogen*

## Abzweig Spay KM 100,3

- Parken: 1,5 km
- Bahn: 1,8 km
- Übernachten/Essen: ab 1,3 km

*Traumpfädchen Spayer BlickinsTal*

## Rhens, Viehtor KM 103,4

- Parken: 0,1 km
- Fähre/Schiff: 0,5 km
- Bahn: 0,4 km
- Übernachten/Essen: ab 0,3 km

*Traumpfad Wolfsdelle*

## Abzweig Stolzenfels KM 110,9

- Fähre/Schiff: 1,4 km
- Burg: 0,6 km
- Bus: 1,4 km

## Koblenz Rittersturz KM 116,8

- Parken: 0,1 km

*Rhein-burgen-weg*

## Koblenz Laubachtal KM 117,8

- Bus: 0 km
- Übernachten/Essen: ab 2,4 km
- Parken: 0,2 km
- Fähre/Schiff: 4,3 km
- Bahn: 3,2 km

## Symbole

- Parken
- Bahn
- Bus
- Fähre/Schiff
- Übernachten
- Essen
- Burg

# Register

# Register

# Register

# Register



# Autoren

**Ulrike Poller** studierte in ihrer Heimatstadt Würzburg Mineralogie und promovierte in der Schweiz über das Silvretta Massiv. 1995 kam sie als Wissenschaftlerin ans Max-Planck-Institut für Chemie in Mainz, wo sie zusammen mit Wolfgang Todt Altersbestimmungen durchführte.

**Wolfgang Todt**, aufgewachsen in Heidelberg, studierte Physik und Geologie. Von 1980 bis 2005 leitete er am Max-Planck-Institut für Chemie in Mainz die Arbeitsgruppe für Geochronologie.

Wolfgang Todt und Ulrike Poller sind verheiratet und haben 2005 ihre Agentur „Schöneres Wandern" gegründet, die sich bemüht, die Qualität von Wanderwegen zu verbessern. Beide sind Mitglied im Deutschen Wanderinstitut. Infos unter: **www.schoeneres-wandern.de**

# Hike & Bike

## Kostenlos die App *traumtouren* nutzen

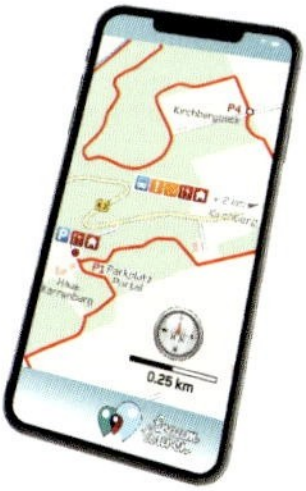


Lesen, laden, losgehen: So einfach war es noch nie, die beschriebenen Routen auf dem Smartphone anzuzeigen. Laden Sie dazu bei Apple iTunes (für iPhones und iPads) oder im Google Play Store (für Android-Geräte) die kostenlose Basisversion der App **traumtouren**.*

1. Öffnen Sie die App. Im Buch finden Sie in jedem Kapitel einen QR-Code. Scannen Sie den Code aus der geöffneten App heraus.
2. Automatisch wird die entsprechende Tour auf der Kartengrundlage von Google Maps angezeigt. Beim Laden ist dazu eine Mobilfunk- (hier fallen evtl. Kosten an) oder WLAN-Verbindung notwendig.
3. Unterwegs können Sie jederzeit Ihre aktuelle Position verfolgen und (bei bestehender Mobilfunkverbindung) zusätzliche Informationen, Tipps und Fotos abrufen.

Bitte beachten Sie: Das Scannen der QR-Codes klappt am besten mit Smartphones, die über eine Autofocus-Funktion verfügen. Alternativ zum Scannen können Sie in der App den TourCode eingeben.

*Wichtig:* Scannen Sie den TourCode versehentlich nicht direkt aus der App **traumtouren** (sondern über einen normalen QR-Scanner), öffnet sich nur die Karte mit dem Startpunkt der Tour. Via Google Maps können Sie sich dann dorthin navigieren lassen. Je nach Mobilfunk-Vertrag können für die Datenübertragung (besonders im Ausland) Kosten anfallen.

*Die Basisversion von „traumtouren" ist gratis und enthält als Bonus weitere fünf Wander- und Radtouren. Bitte beachten Sie die gesonderten Nutzungsbedingungen. Es besteht kein Anspruch auf Verfügbarkeit. Die App ist nicht Bestandteil des Buchkaufs und läuft ggf. nicht oder nur eingeschränkt auf allen verfügbaren Softwareversionen der verwendeten Betriebssysteme.

# GPS: So funktioniert's

## ▶ EINFACH HIMMLISCH GEFÜHRT

Besitzer von GPS-Navigationsgeräten (Outdoor-Geräte oder Smartphones) kommen nie vom Weg ab und wissen immer, wo sie gerade sind: In allen Rad- und Wanderführern des ideemedia-Verlags finden Sie die Rad-, Wander- und Erlebnisrouten für Outdoor-Navigationsgeräte. Die Touren liegen im weit verbreiteten *gpx-Format vor.

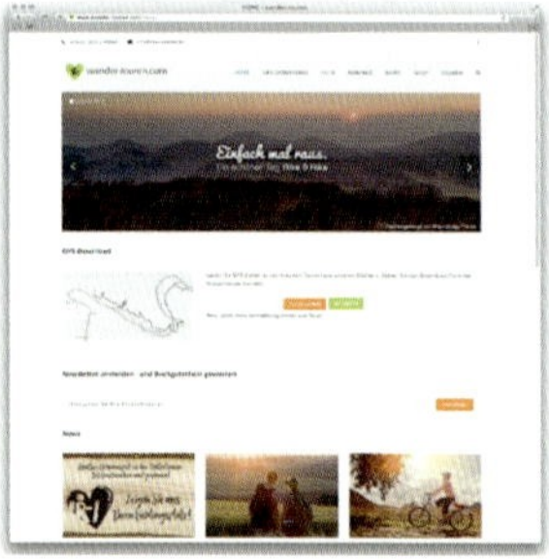

*wander-touren.com*

Mit dem kostenlosen Programm BaseCamp von Garmin ist es möglich, die Tracks anzusehen, zu bearbeiten und direkt auf Garmin-Geräte zu laden. Dieses Programm kann auch ohne die zusätzlich zu kaufende Karte eingesetzt werden, bietet dann aber nur eine globale Karte ohne Details. BaseCamp gibt es sowohl für PCs als auch für Apple Computer.

Alle anderen Hersteller von Outdoor-GPS-Geräten bieten ebenfalls kostenlose Programme an. Allerdings müssen Sie meistens auch eine digitale Karte erwerben, um den Track am PC und auf Outdoor-Geräten auf der Karte zu sehen. Für PC-Nutzer ist zudem die Software MagicMaps Tour Explorer empfehlenswert. In OpenStreetMaps oder Google Maps können die Daten mit Hilfe eines GPX Viewer angezeigt werden. Diese Kartenansicht können Sie für unterwegs zum persönlichen Gebrauch ausdrucken.

## ▶ DIREKT ZUM PREMIUM-TRACK: SO FUNKTIONIERT ES

Zum Download der Routen benötigen Sie entsprechende Tour-Codes. Diese finden Sie unter anderem jeweils am Ende der einzelnen Kapitel. Auf der Internetseite www.wander-touren.com geben Sie den Code ein. Eine gesonderte Anmeldung ist nicht mehr erforderlich. Sie bestätigen mit der Downloadanfrage, dass Sie im Besitz des entsprechenden Buches (Print oder elektronische Ausgabe) sind. Wenn Sie per Mail über Updates informiert werden möchten, melden Sie sich bitte unter www.wander-touren.com zum Newsletter an.

### GPX-DATEN AUF OUTDOOR-NAVIS LADEN

Als Buchbesitzer können Sie die Daten als Datei im weit verbreiteten *gpx-Format als Einzeltour laden und danach auf Ihrem PC ablegen. In einzelnen Fällen können die Daten hinter den Codes auch gebündelt als *.zip-Datei verpackt vorliegen, die Sie vor der weiteren Verwendung entpacken müssen.

Als Nächstes müssen Sie die gewünschte Tour auf Ihr Navigationsgerät übertragen. Für die meisten GPS-Outdoor-Geräte ziehen Sie einfach den Track von Ihrem Desktop nach Verbinden des GPS-Geräts mit dem Computer in das GPS-Verzeichnis Ihres Outdoor-Geräts, das Sie als Laufwerk auf dem Desktop sehen. Sollte Ihr GPS-Gerät ein besonderes Format verlangen, so können Sie den Track mit der Software RouteConverter in fast jedes Format konvertieren. RouteConverter ist ein kostenloses GPS-Werkzeug, um Routen, Tracks und Wegpunkte anzuzeigen, zu bearbeiten und zu konvertieren. Es läuft sowohl auf PC als auch auf Apple Computern. Zur Übertragung der Tour-Daten können Sie auch die Ihrem Kartenprogramm oder Ihrem Navigationsgerät beigelegte Software nutzen. Bei Problemen mit der Übertragung der Daten auf Ihr Navigationssystem wenden Sie sich bitte an Ihren Hersteller oder Lieferanten. Sollte der von Ihnen verwendete Internet-Browser den Daten-Download blockieren, kontrollieren Sie bitte Ihre Sicherheitseinstellungen und beachten die Angaben des Anbieters.

### GPS FÜR SMARTPHONES/IPHONES

*.gpx-Daten auf ein Smartphone zu laden, ist inzwischen recht einfach und funktioniert mit mehreren Apps sowohl für iPhones als auch für Android-Geräte. Unser Tipp: Laden Sie sich verschiedene Apps auf Ihr Gerät, und testen Sie, mit welcher Software Ihr Gerät fehlerfrei arbeitet. Laden Sie nun von www.wander-touren.com den *.gpx-Track herunter und öffnen ihn mit einem geeigneten Programm. Meist schlägt das Be-

triebssystem eine Auswahl geeigneter Programme vor. Probleme kann es evtl. mit den Karten geben, wenn diese unterwegs über das Netz geladen werden müssen. Von Netzproblemen abgesehen, kann das zu hohen Downloadkosten führen.

**GRATIS-APP traumtouren: SCANNEN. LADEN. LOSLEGEN.**

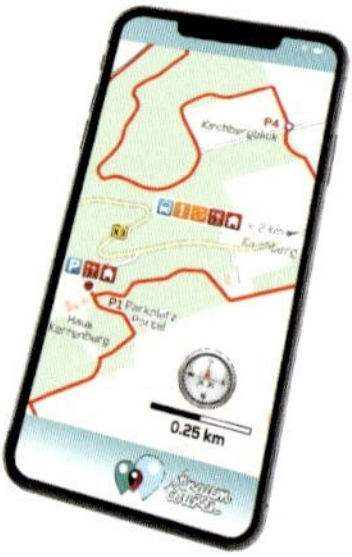


Wesentlich einfacher geht es mit der praktischen App „traumtouren", die Sie für Smartphones und Tablet-PCs als kostenlose Basis-Version über GooglePlay (Android) und iTunes App-Store (iOS) laden können. Via Tour-Code oder über das Scannen des QR-Codes aus der App heraus können Sie dann schnell, einfach und bequem die komplette Tour auf Ihr Smartphone oder Tablet übertragen. Neben der Wegstrecke erhalten Sie zusätzliche Kurzinfos, sehen (bei bestehender Mobilfunk- bzw. Satellitenverbindung) Ihren aktuellen Standort und können der vorgeschlagenen Route folgen. Die App ist auf einfache Bedienbarkeit ausgelegt und auf die wesentlichen Funktionen für unterwegs reduziert. Bedenken Sie bitte: Je nach Mobilfunkvertrag können für die Nutzung der Verbindung Kosten anfallen. Die App ist nicht Bestandteil des Buchkaufs, die Verfügbarkeit ist nicht garantiert. Bitte beachten Sie die gesonderten Nutzungsbedingungen. Eine ausführliche Anleitung zur Bedienung der App finden Sie auf www.wander-touren.com/www/app-hilfe.

Bitte beachten: Wenn Sie den QR-Code nicht aus der App herausscannen, öffnet sich Google Maps und es wird Ihnen der Startpunkt der Tour angezeigt.

**ALLGEMEINE HINWEISE**

Alle Daten wurden auf Fehlerfreiheit geprüft und werden bei Änderungen der Wegführung nach Verfügbarkeit aktualisiert. ideemedia übernimmt keine Haftung für mögliche Abweichungen, Vollständigkeit, Verfügbarkeit und Einsatz auf allen Navigations-Modellen. Sollte ein

Gerät das Laden von *.gpx-Daten nicht ermöglichen, so wenden Sie sich in diesem Fall bitte an den Hersteller. Die Nutzung der Tour-Downloads ist nur Buchbesitzern zur privaten Verwendung gestattet, eine Weitergabe an Dritte sowie das Vervielfältigen auf Datenträgern jeder Art ist untersagt. Kommerzielle Nutzung ist nur nach schriftlicher Vereinbarung mit ideemedia gestattet. Idee, Konzeption und Daten sind urheberrechtlich geschützt. Die Daten enthalten einen Sicherheitscode und werden bis zu 36 Monate nach Ausgabetermin des Buches zur Verfügung gestellt.. Eine Vervielfältigung zur Verteilung oder Verlinkung ist strikt untersagt und kann bei Missbrauch zu Schadenersatzforderungen führen.

### PREMIUM-GPS: WAS IST DAS?

Im Gegensatz zu vielen anderen Anbietern im Print- und Online-Bereich greifen wir nicht auf die Standard-Daten von kostenlosen Internetportalen, privaten oder öffentlichen Anbietern zurück, sondern ermitteln die Daten vor Ort und aktualisieren diese im Regelfall, wenn uns gravierende Änderungen bekannt werden. Um es Kunden so komfortabel wie möglich zu machen, bieten wir ihnen, neben den *.gpx-Daten, die Nutzung der App traumtouren. Die Arbeit ist aufwendig und kostenintensiv – und daher bitten wir um Verständnis, dass wir diese aufbereiteten Daten in vollem Umfang nur unseren Kunden zur Verfügung stellen.

### GPS-DATEN VERARBEITEN: NICHT OHNE ÜBUNG

Trotz enormer Fortschritte in der Gerätebedienung ist es für Laien immer noch nicht völlig unkompliziert, die Daten auch richtig nutzen zu können. Da es sich bei den *.gpx-Daten um ein kostenfreies Zusatzangebot zu unseren Printprodukten handelt, können wir keine Unterstützung für GPS-Geräte, GPS-Software oder Kartengrundlagen leisten. Bitte wenden Sie sich dazu an Ihren Hersteller oder Lieferanten und arbeiten Sie sich gründlich in die Möglichkeiten der GPS-Nutzung ein. Verlassen Sie sich auch bei Ihren Touren nicht ausschließlich auf Ihr GPS-Gerät, Empfangsprobleme in engen Schluchten oder hohen Wäldern, Batterie- oder Softwareprobleme sind nicht unbekannt. Wir empfehlen aus Erfahrung die zusätzliche Mitnahme von Buch und Karten.

# Impressum

**Herausgeber:** Uwe Schöllkopf (ideemedia GmbH)
**Autoren:** Ulrike Poller & Wolfgang Todt
**Konzept & Redaktion:** Uwe Schöllkopf
**Redaktionelle Mitarbeit:** Anna Ley, Matthias Frickel
**Grafik/DTP/Produktion:** Dominik Molz
**Karten & Höhenprofile:** KGS Kartografie Schlaich | ideemedia GmbH

**Verlag:** ideemedia GmbH, Im Aubisch 1b, D-56567 Neuwied
Telefon: 02631/9996-0 • Telefax: 02631/9996-55 • E-Mail: office@idee-media.de

**Internet: www.ideemediashop.de • www.wander-touren.com**

Alle Angaben wurden nach bestem Wissen recherchiert und sorgfältig überprüft. Sollten sich dennoch Fehler eingeschlichen haben, bitten wir um Entschuldigung und Benachrichtigung. Für Fehler übernimmt der Verlag keine Haftung. Aktuelle Änderungen, Downloads und Updates zum Buch finden Sie unter www.wander-touren.com
Mit der App traumtouren lassen sich die Touren über die QR-Codes aus dem Buch direkt auf Smartphones laden. Alternativ lässt sich über die Kamerafunktion vieler Smartphones der Ausgangspunkt direkt auf GoogleMaps anzeigen. Die kostenlose Basisversion der App ist nicht Bestandteil des Buches, eine Verfügbarkeit ist nicht garantiert. Aktuelle Navigationsdaten stehen für 36 Monate ab Ausgabejahr zum Download bereit.



**Die Deutsche Bibliothek – CIP – Einheitsaufnahme: ISBN 978-3-942779-67-8**

**Fotos:** Ulrike Poller, Wolfgang Todt, Uwe Schöllkopf, Andres Pacek,
Klaus und Ina Haevecker, Markus Balkow, Petra Winkler,
Florian Trykowski, Stefan Rees (Tourist-Info Boppard)

Wir danken allen beteiligten Tourist-Informationen für die Unterstützung und Zusammenarbeit.